184

Jean Baudrillard
Die Illusion des Endes
oder Der Streik der Ereignisse

Aus dem Französischen von
Ronald Voullié

Merve Verlag Berlin

Titel der Originalausgabe: L'illusion de la fin ou La grève des événements

Die Deutsche Bibliothek – CIP-Einheitsaufnahme
Baudrillard, Jean:
Die Illusion des Endes / Jean Baudrillard. Aus dem Franz. von Ronald Voullié. – Berlin: Merve Verl. 1994
(Internationaler Merve-Diskurs ; 184)
ISBN 3-88396-116-7
NE: GT

Postfach 150 927, 10671 Berlin
Printed in Germany
Druck- und Bindearbeiten: Dressler, Berlin
Umschlagentwurf: Jochen Stankowski, Berlin
Rückendeckel: Folke Hanfeld
ISBN 3-88396-116-7

INHALT

»Die Dinge können einen Zustand von Zerrüttung erreichen, der viel größer ist als sie selber, das heißt, sie können derartig verändert werden, daß ihr Vorhandensein noch weniger wert ist, als wenn es sie gar nicht gäbe; und darum ist die unheilvolle Versuchung aufgekommen, sie lieber gleich zu ersetzen...«

MACEDONIO FERNANDEZ

In der absoluten Leere findet das absolute Ereignis statt. Die Leere kann also nur relativ sein, da der Tod virtuell geblieben ist.

PATAPHYSIK DES JAHRES 2000

> »Eine peinigende Vorstellung: daß von einem bestimmten Zeitpunkte ab die Geschichte nicht mehr *wirklich* war. Ohne es zu merken, hätte die Menschheit insgesamt die Wirklichkeit plötzlich verlassen; alles was seither geschehen sei, wäre gar nicht wahr; wir könnten es aber nicht merken. Unsere Aufgabe sei es nun, diesen Punkt zu finden, und so lange wir ihn nicht hätten, müßten wir in der jetzigen Zerstörung verharren.«
>
> Elias Canetti

Es gibt verschiedene einleuchtende Hypothesen, was dieses Verschwinden der Geschichte betrifft. Canettis Formulierung, »die Menschheit insgesamt hätte die Wirklichkeit plötzlich verlassen«, erinnert unwillkürlich an die Abhubgeschwindigkeit, die ein Körper benötigt, um sich von der Anziehungskraft eines Sternes oder eines Planeten zu befreien. Anhand dieses Bildes kann man sich vorstellen, daß die Beschleunigung der Moderne, der Technik, von Ereignissen und Medien, sowie die Beschleunigung aller ökonomischen, politischen und sexuellen Tauschhandlungen uns in eine derartige Befreiungsgeschwindigkeit versetzt hat, daß wir aus dem Bezugsraum des Realen und der Geschichte herausgeflogen sind. Wir sind »freigesetzt« in jedem Sinne des Wortes, derartig befreit, daß wir einen bestimmten Zeitraum verlassen haben. Wir haben einen bestimmten Horizont verlassen, innerhalb dessen das Reale noch möglich war, weil die Schwerkraft so stark ist, daß die

Dinge sich reflektieren und somit eine bestimmte Dauer und bestimmte Folgen haben können.

Eine gewisse Langsamkeit (das heißt, eine bestimmte, wenn auch nicht sehr hohe Geschwindigkeit), eine gewisse, aber nicht allzu große Distanz und eine gewisse, aber nicht allzu große Freisetzung (die Energie für einen Bruch und eine Veränderung) sind notwendig, damit jene Art von Verdichtung oder Verfestigung entstehen kann, die für Ereignisse bezeichnend ist, die man Geschichte nennt, also jene Art von kohärenter Entfaltung von Ursachen und Wirkungen, die man das Reale nennt.

Jenseits des Wirkungsbereichs dieser Schwerkraft, die die Körper auf ihrer Umlaufbahn hält, verschwinden alle Sinnatome im Weltraum. Jedes Atom folgt seiner Bahn bis ins Unendliche und verschwindet im Weltall. Genau das erleben wir in unseren gegenwärtigen Gesellschaften, die danach streben, alle Körper, Nachrichten und Prozesse in alle möglichen Richtungen zu beschleunigen, und die mit Hilfe der modernen Medien jedes Ereignis, jede Nachricht und jedes Bild durch eine bis ins Unendliche führende Bahn simulieren. Jede politische, geschichtliche oder kulturelle Tatsache wird mit einer kinetischen Energie versehen, die sie aus ihrem eigenen Raum herausreißt und in einen Hyperraum hinausschleudert, wo sie jeglichen Sinn verliert, da sie niemals wiederkehren wird. Dazu braucht man nicht auf Science-Fiction zurückgreifen: mit unserer Informatik, mit unseren Schaltkreisen und Netzen verfügen wir von jetzt an, hier und jetzt, über einen Teilchenbeschleuniger, der endgültig die Umlaufbahn, auf der die Dinge einen bestimmten Bezug zueinander hatten, zerstört hat.

Was die Geschichte betrifft, so ist ein Nacherzählen unmöglich geworden, da es sich per Definition (*re-citatum*) um das mögliche Zurückverfolgen eines Sinns handelt. Jedes einzelne Ereignis wird durch einen totalen Verbreitungs- und Zirkulationsschub freigesetzt – jede Tatsache wird zum Atom, wird nuklear, und folgt ihrer Bahn ins Leere. Damit sie bis ins Unendliche verbreitet werden kann, muß sie wie ein Partikel in Einzelteile zerlegt werden. So kann sie eine Geschwindigkeit der Nichtwiederkehr erreichen, die sie endgültig aus der Geschichte entfernt. Jeder kulturelle Zusammenhang, jedes Ereignis muß in seine Einzelteile zerlegt und zergliedert werden, damit es in die Schaltkreise integriert werden kann. Jede Sprache muß in binäre Einheiten zerlegt werden, damit sie nicht mehr in unserem Gedächtnis, sondern im blitzschnellen elektronischen Arbeitsspeicher von Computern zirkulieren kann. Keine menschliche Sprache kann sich der Lichtgeschwindigkeit widersetzen. Kein Ereignis kann sich der weltweiten Verbreitung widersetzen. Keine Bedeutung entgeht ihrer Beschleunigung. Keine Geschichte widersteht der Zentrifugierung der Tatsachen oder ihrer Kurzschließung in Echtzeit (auf der gleichen gedanklichen Ebene: keine Sexualität widersteht ihrer Befreiung, keine Kultur widersteht ihrem Ausverkauf, keine Wahrheit widersteht ihrer Verifizierung, etc.).

Auch die Theorie ist nicht mehr in der Lage, etwas zu »reflektieren«. Sie kann die Begriffe nur noch aus ihrem kritischen Bezugsfeld herausreißen und dafür sorgen, daß sie einen Punkt der Nichtwiederkehr überschreiten. Auch sie geht in den Hyperraum der Simulation ein. Und dadurch verliert auch sie jede »objektive« Geltung und wird dem aktuellen System immer ähnlicher.

Die zweite Hypothese zum Verschwinden der Geschichte ist das Gegenteil der ersten, sie bezieht sich nicht mehr auf die Beschleunigung, sondern auf die Verlangsamung der Vorgänge. Auch sie kommt direkt aus der Physik.

Die Materie verzögert den Ablauf der Zeit. Genauer gesagt, die Zeit scheint an der Oberfläche eines sehr dichten Körpers langsamer abzulaufen. Dieses Phänomen wird größer, wenn die Dichte zunimmt. Die Folge dieser Verlangsamung besteht darin, daß die von diesem Körper ausgesandte Lichtwelle derartig verlängert wird, daß sie vom Beobachter wahrgenommen werden kann. Wird eine bestimmte Grenze überschritten, bleibt die Zeit stehen, und die Wellenlänge wird unendlich. Die Welle existiert nicht mehr. Das Licht erlischt.

Die Analogie zur Verlangsamung der Geschichte wird deutlich, wenn es um den Astralkörper von »schweigenden Mehrheiten« geht. Unsere Gesellschaften werden von diesem Massenprozeß beherrscht, und zwar nicht nur im soziologischen oder demographischen Sinn, sondern auch im Sinne von »kritischer Masse«, im Sinne der Überschreitung eines Punktes der Nichtwiederkehr. Das wichtigste Ereignis in unseren modernen Gesellschaften gerade während ihrer Mobilisierung und ihres revolutionären Prozesses (gegenüber den vergangenen Gesellschaften sind sie alle revolutionär) ist das Auftreten einer entsprechenden Trägheitskraft, einer gewaltigen Gleichgültigkeit und des schweigenden Potentials dieser Gleichgültigkeit. Diese träge Masse des Sozialen ist nicht das Ergebnis von fehlenden Tauschhandlungen, des

Mangels an Information oder Kommunikation, sondern sie resultiert ganz im Gegenteil aus der Vervielfachung und Häufung von Tauschhandlungen. Sie kommt durch die übergroße Dichte von Städten, Waren, Botschaften und Kreisläufen zustande. Diese träge Masse ist der kalte Stern des Sozialen; und rund um diese Masse erkaltet die Geschichte. Völlig gleichgültig folgen die Ereignisse aufeinander und löschen sich gegenseitig aus. Neutralisiert und immunisiert durch die Information, neutralisieren die Massen ihrerseits die Geschichte und saugen alles auf. Sie selber haben keine Geschichte, keinen Sinn, kein Bewußtsein und keine Begierde. Sie sind der potentielle Bodensatz jeder Geschichte, jedes Sinns und jeder Begierde. All diese schönen Dinge haben bei ihrer Verbreitung in unserer modernen Welt ein geheimnisvolles Gegenstück hervorgebracht, dessen Verleugnung heute alle politischen und gesellschaftlichen Strategien unterhöhlt.

Dieses Mal ergibt sich das Gegenteil: Geschichte, Sinn und Fortschritt erreichen nicht mehr ihre Befreiungsgeschwindigkeit. Es gelingt ihnen nicht mehr, sich von diesem viel zu dichten Körper zu lösen, der ihre Bahn und die Zeit derartig verlangsamt, daß uns von jetzt an die Wahrnehmung und die Vorstellung der Zukunft entgleitet. Jede gesellschaftliche, geschichtliche und zeitliche Transzendenz wird von dieser Masse in ihrer schweigenden Immanenz absorbiert. Die politischen Ereignisse haben schon keine Eigenenergie mehr, die ausreichend wäre, um uns in Bewegung zu versetzen; sie laufen wie ein Stummfilm ab, für den wir kollektiv nicht verantwortlich sind. Hier endet die Geschichte, und zwar nicht, weil es an Akteuren, an Gewalt (die Gewalt nimmt immer mehr zu) oder an Ereignissen (dank der Medien und der Informationstechnik gibt es immer mehr Ereignisse!) fehlt, sondern wegen der Verlangsamung, Gleichgültigkeit und Abstumpfung. Die Geschichte schafft es nicht mehr, über sich hinauszugehen, ihre eigene Endlichkeit ins Auge zu fassen und von ihrem eigenen Ende zu träumen, sie wird in ihrer unmittelbaren Wirkung begraben, sie erschöpft sich in Spezialeffekten und implodiert in Aktualität.

Im Grunde kann man nicht einmal vom Ende der Geschichte sprechen, denn sie wird nicht einmal die Zeit haben, ihr eigenes Ende einzuholen. Ihre Wirkungen beschleunigen sich, aber ihr Sinn verlangsamt sich unerbittlich. Sie wird damit enden, daß sie anhält und erlischt, so wie das Licht und die Zeit im Umfeld einer unendlich dichten Masse...

Auch die Menschheit hat ihren Urknall gehabt: eine bestimmte kritische Dichte, eine bestimmte Konzentration von Menschen und Tauschhandlungen löst jene Explosion aus, die wir als Geschichte bezeichnen, die aber nur eine Verstreuung der dichten und hieratischen Kerne früherer Zivilisationen ist. Heute gibt es den umgekehrten Effekt: die Überschreitung der Schwelle der kritischen Masse in Form von Populationen, Ereignissen und Information löst den umgekehrten Prozeß der Trägheit von Geschichte und Politik aus. Auf kosmischer Ebene wissen wir nicht, ob wir eine solche Befreiungsgeschwindigkeit erreicht haben, daß wir uns in einer definitiven Expansion befinden (und das wird bestimmt für alle Ewigkeit ungewiß bleiben). Auf menschlicher Ebene, deren Perspektiven viel begrenzter sind, kann es geschehen, daß gerade die Befreiungsenergie der Gattung (Beschleunigung der Geburten, Techniken und Tauschhandlungen im Laufe der Jahrhunderte) einen Zuwachs an Masse und Widerstand schafft, der größer als die auslösende Energie ist und uns somit unerbittlich in eine Verdichtungs- und Trägheitsbewegung versetzt.

Ob sich das Weltall in einer unendlichen Expansion befindet oder ob es auf einen unendlich dichten und unendlich kleinen Kern zusammenschrumpft, hängt von seiner kritischen Masse ab (über die selber unendlich viel spekuliert werden kann, je nach dem, wie viele neue Teilchen erfunden werden). Analog dazu kann man sagen, ob unsere menschliche Geschichte nun evolutiv oder involutiv ist, hängt vielleicht von der kritischen Masse der Menschheit ab. Hat die Geschichte, die Bewegung der Gattung eine Befreiungsgeschwindigkeit erreicht, die nötig ist, um die Trägheit der Masse zu überwinden? Sind wir, wie die Galaxien, von einer endgültigen Bewegung erfaßt worden, die uns mit einer ungeheuren Geschwindigkeit voneinander entfernt? Oder wird diese Verstreuung ins Unendliche ein Ende nehmen und werden sich die Menschen-Moleküle entsprechend einer umgekehrten Gravitationsbewegung einander annähern? Kann die Menschenmasse, die tagtäglich größer wird, eine Schwingung dieser Art auslösen?

Eine dritte Hypothese, eine dritte Analogie. Es geht weiterhin um den Punkt des Verschwindens, den Punkt der Verflüchtigung, den *vanishing point*, dieses Mal allerdings aus der Sicht der Musik. Es geht um das, was ich als Stereoeffekt bezeichne. Wir sind besessen von *high fidelity* und der Qualität der Musik-»Wiedergabe«. Am

Pult unserer Stereoanlage, ausgerüstet mit unseren Tunern, Verstärkern und Boxen, mischen, steuern und verfeinern wir die Tonquellen, sind wir auf der Suche nach vollkommener Musik. Ist das überhaupt noch Musik? Wo liegt die Schwelle der *high fidelity*, jenseits derer die Musik als solche verschwindet? Sie verschwindet nicht, weil es keine Musik gäbe, sondern weil sie diesen Grenzpunkt überschritten hat. Sie verschwindet in der Perfektionierung ihrer Materialität, in ihrem eigenen Spezialeffekt. Jenseits dieses Punktes gibt es keine Urteilskraft und kein ästhetisches Vergnügen mehr, sondern nur noch den reinen Klangrausch – und das ist das Ende der Musik.

Genauso verhält es sich mit dem Verschwinden der Geschichte: auch hier haben wir die Grenze überschritten, an der die Geschichte als solche durch die minutiöse technische Aufbereitung von Ereignissen und Informationen aufhört zu existieren. Häufige Direktübertragungen, Spezialeffekte, Nebeneffekte, *fading* – und der berühmte Rückkopplungseffekt, der in der Akustik durch eine zu große Nähe von Tonquelle und Aufnahmegerät zustande kommt und in der Geschichte durch eine zu große Nähe und somit durch die verheerende Überlagerung eines Ereignisses und seiner Ausstrahlung – ein Kurzschluß zwischen Ursache und Wirkung, so wie zwischen dem Objekt und dem experimentierenden Subjekt in der Mikrophysik (und in den Geisteswissenschaften!). All das hat eine radikale Ungewißheit zur Folge, was das Ereignis betrifft, so wie zu viel Klanggenauigkeit eine radikale Ungewißheit zur Folge hat, was die Musik betrifft. Canetti drückt das sehr gut aus: jenseits dessen ist nichts mehr wahr. Deshalb entschwindet uns heute auch die zarte Musik der Geschichte, sie verschwindet in der mikroskopischen oder stereophonischen Zerlegung der Information.

Gerade durch die Überfülle an Informationen kann die Geschichte verschwinden. Gerade durch HiFi kann die Musik verschwinden. Gerade durch das Experimentieren kann die Wissenschaft ihren Gegenstand verlieren. Gerade wegen der Pornographie kann die Sexualität verschwinden. Überall findet sich der Stereoeffekt, der Effekt der absoluten Nähe des Realen: der gleiche Simulationseffekt.

Dieser *vanishing point*, dieser Punkt, vor dem es Geschichte und Musik *gegeben hat*, kann definitionsgemäß nicht ausgemacht werden. Wo soll die Perfektionierung der Stereoanlagen aufhören? Die Grenzen werden ständig weiter verschoben, denn sie sind Grenzen der Technikbesessenheit. Wo soll die Information aufhören? Gegen diese Faszination durch die »Echtzeit«, dem Gegenstück zur *high fidelity*, kann man sich nur moralisch wehren, und das hat nicht viel Sinn.

Die Überschreitung dieses Punktes kann somit nicht mehr rückgängig gemacht werden, auch wenn Canetti das zu hoffen scheint. Wir werden die Musik vor dem Stereo nicht mehr wiederfinden (es sei denn durch einen weiteren technischen Simulationseffekt), wir werden die Geschichte vor der Information und den Medien nicht mehr wiederfinden. Das ursprüngliche Wesen der Musik und das ursprüngliche Konzept der Geschichte sind verschwunden, weil wir sie nicht mehr von ihrem Perfektionierungsmodell trennen können, das zugleich ihr Simulationsmodell ist, und weil wir sie nicht von ihrer künstlichen Überhöhung in eine Hyperrealität, die sie auslöscht, trennen können. Wir werden niemals mehr erkennen können, was das Soziale oder die Musik gewesen sind, bevor sie heute völlig unnütz perfektioniert wurden. Wir werden niemals wissen, was die Geschichte war, bevor sie sich in der technischen Perfektionierung der Information erschöpfte – wir werden niemals wissen, was die Dinge waren, bevor sie sich in der Realisierung ihres jeweiligen Modells verflüchtigten.

So stellt sich wieder die Ausgangssituation ein. Denn daß wir die Geschichte verlassen, um in die Simulation einzutreten, ist nur die Folge der Tatsache, daß die Geschichte selber im Grunde nur ein gewaltiges Simulationsmodell war. Nicht in dem Sinne, daß sie nur insofern existiert hätte, wie man von ihr erzählt oder wie man sie interpretiert hat, sondern im Hinblick auf die Zeit, in der sie abläuft, jene lineare Zeit, die zugleich die Zeit des Endes und eines unbegrenzten Aufschubs des Endes ist. Das ist die einzige Zeit, in der Geschichte stattfinden kann, das heißt, eine Abfolge von Fakten, die nicht sinnlos sind und die von der Ursache bis zur Wirkung erzeugt werden, aber keine absolute Notwendigkeit haben und deren Zukunft ungewiß ist. Diese Zeit unterscheidet sich völlig von der Zeit ritueller Gesellschaften, in der alle Dinge bereits im Ursprung vollendet sind und die rituelle Handlung die Vollkommenheit dieses ursprünglichen Ereignisses nachzeichnet. Im Gegensatz zu dieser Ordnung der *erfüllten* Zeit mag die Freisetzung der »realen« Zeit der Geschichte, die Erzeugung einer linearen und aufgeschobenen Zeit als ein rein künstlicher Vorgang erscheinen. Woher kommt dieser Aufschub? Warum muß das, was sich erfüllen soll (Jüngstes

Gericht, Seelenheil oder Katastrophe), erst am Ende der Zeiten geschehen und einen unberechenbaren Erfüllungstag anstreben? Dieses Modell von Linearität mußte Kulturen, die kein Verständnis für einen Aufschub, für eine aufeinanderfolgende Verkettung und für Endlichkeit hatten, völlig fiktiv, sinnlos und gegenstandslos erscheinen. Dieses Szenario ließ sich übrigens auch nur schwer durchsetzen. Die Frühzeit des Christentums war von einem heftigen Widerstand gegen die Vorstellung gekennzeichnet, daß das Reich Gottes erst in ferner Zukunft erstehen sollte. Diese »historische« Perspektive der Heilserwartung, also ihre Nichterfüllung im Hier und Jetzt, konnte nicht ohne Gewalt durchgesetzt werden. Alle Häresien haben immer wieder auf dieses Leitmotiv der unmittelbaren Erfüllung der Verheißung zurückgegriffen. Das war gewissermaßen eine Herausforderung der Zeit. Ganze Gemeinschaften sind in den Tod gegangen, um die Heraufkunft des Reichs Gottes zu beschleunigen. Denn da es ihnen für das Ende der Zeiten versprochen worden war, brauchten sie nur der Zeit sofort ein Ende machen.

Die ganze Geschichte wird von einer millenaren (chiliastischen) Herausforderung der Zeitlichkeit der Geschichte begleitet. Der historischen Perspektive, die den Einsatz immer wieder auf ein hypothetisches Ende verschiebt, steht stets ein fataler Anspruch gegenüber, eine fatale Strategie der Zeit, die die Etappen überspringen und über das Ende hinaus gelangen will. Man kann nicht sagen, daß eine dieser Tendenzen wirklich Oberhand bekommen hat, und im Laufe der Geschichte kam immer wieder die brennende Frage auf: Soll man nun warten oder nicht? Seit der messianischen Verzückung der ersten Christen, in sämtlichen Häresien und Revolten hat es immer den Wunsch gegeben, das Ende vorwegzunehmen, auch durch den Tod, durch eine Art von verführerischem Selbstmord, der Gott von der Geschichte abbringen und ihn an seine Verantwortung erinnern sollte, nämlich an die Verantwortung für die Zeit nach dem Ende, für die Erfüllung der Verheißung. Nimmt der Terrorismus nicht auf seine Weise auch eine Beschwörung des Endes der Geschichte vor? Durch direkte und radikale Aktionen will er die Macht in die Falle locken. Ohne den letzten Erfüllungstag abzuwarten, begibt er sich in die ekstatische Position des Endes, wobei er hofft, die Voraussetzungen für das Jüngste Gericht zu schaffen. Das ist sicherlich eine illusorische Herausforderung, die aber immer wieder fasziniert, weil im Grunde weder die Zeit noch die Geschichte jemals akzeptiert worden sind. Jeder bleibt sich der Willkürlichkeit, der Künstlichkeit von Zeit und Geschichte bewußt. Wir fallen niemals auf diejenigen herein, die uns auffordern zu hoffen.

Gibt es nicht auch jenseits des Terrorismus im weltweit verbreiteten Hirngespinst der Katastrophe, die heute über der Welt schweben soll, einen Abglanz des Anspruchs auf eine Heilserwartung? Die Forderung nach einer gewaltsamen Erhöhung der Realität, während diese für uns in eine unendliche Hyperrealität entweicht? Denn die Hyperrealität macht sogar Schluß mit dem Datum des Jüngsten Gerichts, der Apokalypse oder der Revolution. Alle vorgesehenen Ziele entschwinden uns, und die Geschichte hat keine Chance, sie zu verwirklichen, da sie inzwischen zu Ende gegangen ist (es ist immer wie bei Kafkas Geschichte vom Messias: er kommt zu spät, einen Tag zu spät, und diese Verzögerung ist unerträglich). Je direkter man sich mit dem Messias verbindet, um so schneller kommt das Ende. Es lag schon immer eine teuflische Versuchung darin, die letzten Dinge und die Berechnung der Endzustände zu fälschen, die Zeit und das Auftreten von Dingen zu fälschen und den Lauf der Dinge zu beschleunigen, weil man ungeduldig die Erfüllung erwartet oder weil man eine geheime Eingebung hat, daß auch die Verheißung der Erfüllung verlogen und des Teufels ist.

Nicht erst unsere Besessenheit von der Echtzeit, von der Unmittelbarkeit der Information, entspricht einem geheimen Millenarismus: die Dauer auslöschen, die aufgeschobene Zeit, die Entferntheit des Ereignisses auslöschen, sein Ende durch die Freisetzung der linearen Zeit vorwegnehmen und die Dinge beinahe schon erfassen, bevor sie stattgefunden haben. In diesem Sinne ist die Echtzeit noch viel künstlicher als die aufgeschobene Zeit, und zugleich ist sie ihre Verleugnung – wenn wir das Ereignis unmittelbar genießen wollen, wenn wir es augenblicklich erleben wollen, dann deshalb, weil wir kein Vertrauen mehr in den Sinn oder die Finalität des Ereignisses haben. Die gleiche Verleugnung zeigt sich auch in scheinbar umgekehrten Verhaltensweisen – alles zu einem historischen Ereignis machen, alles archivieren und alles aus unserer Vergangenheit und aus der Vergangenheit aller Kulturen speichern. Ist das nicht ein Symptom des kollektiven Gespürs für das Ende, dafür, daß das Ereignis und die lebendige Zeit der Geschichte vorbei ist und daß man sich mit dem gesamten künstlichen Gedächtnis und mit allen Zeichen der Vergangenheit wappnen muß, um sich gegen die Zukunftslosigkeit und die uns bevorstehenden Eiszeiten zu wehren? Sind die geistigen und intellektuellen Komplexe nicht dabei, sich in den elektronischen Speichern und Archiven zu vergraben und dort zu versinken, um eine unwahrscheinliche Wiederauferstehung anzustreben? Alle Gedanken werden im Hinblick auf das Jahr 2000 vergraben. Sie spüren bereits den Schrecken des Jahres 2000. Sie übernehmen instinktiv die Lösung derjenigen, die sich einfrieren lassen und die man in flüssigen Stickstoff legt, bis man ein Mittel gefunden hat, mit dem sie überleben können.

Diese Gesellschaften erwarten nichts mehr von einem künftigen Beginn, sie haben immer weniger Vertrauen in die Geschichte, sie verschanzen sich hinter ihren Zukunftstechnologien, hinter ihren Datenbanken und in den in sich abgeschlossenen Kommunikationsnetzen, in denen die Zeit letztlich durch reine Zirkulation vernichtet wird – diese Generationen werden vielleicht nie wieder aufwachen, aber das wissen sie nicht. Das Jahr 2000 wird vielleicht nicht stattfinden, aber sie wissen es nicht.

DIE UMKEHRUNG DER GESCHICHTE

Irgendwann in den 80er Jahren des 20. Jahrhunderts hat die Geschichte eine Kehrtwendung gemacht. Wenn der Zenit der Zeit, der Höhepunkt der Evolutionskurve oder die Sonnenwende der Geschichte einmal überschritten ist, beginnt der Niedergang der Ereignisse und eine Entwicklung in umgekehrter Richtung. Wie im kosmischen Raum gibt es so etwas wie eine Krümmung des geschichtlichen Zeitraums. Durch den gleichen chaotischen Effekt in Zeit und Raum bewegen sich die Dinge immer schneller, wenn sie sich ihrem Verfallsdatum nähern, so wie Wasser seltsamerweise immer schneller fließt, wenn es sich einem Wasserfall nähert.

Im euklidischen Raum der Geschichte ist der schnellste Weg von einem Punkt zum anderen die Gerade, die gerade Linie von Fortschritt und Demokratie. Aber das gilt nur für den linearen Raum der Aufklärung. In unserem nicht-euklidischen Raum am Ende des Jahrhunderts werden alle Bahnen unweigerlich durch eine unheilvolle Krümmung umgelenkt. Das hängt zweifellos mit der Kugelgestalt der Zeit (die am Horizont des Jahrhundertendes ebenso sichtbar wird wie die der Erde am Horizont gegen Abend) oder mit einer unmerklichen Verzerrung des Gravitationsfeldes zusammen.

Segalen sagt, daß auf der zur Kugel gewordenen Erde jede Bewegung, die uns von einem Punkt wegführt, uns gerade dadurch zu ihm hinführt. Das gilt auch für die Zeit. Jede vermeintliche Bewegung der Geschichte bringt uns unmerklich ihrem Gegenpunkt näher, das heißt, ihrem Ausgangspunkt. Das ist das Ende der Linearität. So gesehen, gibt es keine Zukunft mehr. Und ohne Zukunft gibt es auch kein Ende mehr. *Das ist allerdings nicht das Ende der Geschichte.* Wir haben es mit einem paradoxen Umkehrprozeß zu tun, mit einem Umkehreffekt der Moderne, die sich, nachdem sie ihre spekulative Grenze erreicht und alle virtuellen Entwicklungen ausgelotet hat, in ihre einfachen Bestandteile zerfällt, indem sie einem katastrophischen Prozeß der Rekurrenz und der Turbulenz folgt.

Durch diese Rückwendung der Geschichte bis ins Unendliche, durch diese hyperbolische Krümmung entgeht auch das Jahrhundert seinem Ende. Durch diese Rückwirkung der Ereignisse entgehen wir unserem eigenen Tod. Metaphorisch gesagt, erreichen wir somit nicht einmal das symbolische Verfallsdatum des Endes, das symbolische Verfallsdatum des Jahres 2000.

Kann man dieser Rückkrümmung der Geschichte entkommen, die bewirkt, daß sie umkehrt und ihre eigenen Spuren auslöscht? Kann man dieser fatalen Asymptote entkommen, die uns die Moderne sozusagen wie ein Tonband zurückspulen läßt? Wir sind derartig daran gewöhnt, alle Filme, die fiktiven und die unseres Lebens, noch einmal ablaufen zu lassen, derartig von der Technik der Rückblende verseucht, daß wir – völlig berauscht von den heutigen technischen Möglichkeiten – die Geschichte wie einen Film rückwärts ablaufen lassen können.

Sind wir, in der vergeblichen Hoffnung, nicht in der jetzigen Zerstörung verharren zu müssen, wie Canetti sagt, auf die rückblickende Melancholie verwiesen, alles wiederzubeleben, um alles zu korrigieren, und alles wiederzubeleben, um es zu erklären (in etwa so, als ob die Psychoanalyse ihren Schatten auf unsere ganze Geschichte werfen würde – wenn die gleichen Ereignisse, die gleichen Umstände sich nahezu in den gleichen Ausdrücken wiederholen, wenn die gleichen Kriege zwischen den gleichen Völkern ausbrechen, und wenn alles Vergangene, angetrieben von einem ununterdrückbaren Phantasma, wieder aufersteht, könnte man beinahe meinen, da sei eine Form von Unbewußtem und von Primärprozeß im Gange)? Müssen wir alle vergangenen Ereignisse herbeizitieren, um ihnen den Prozeß zu machen? Ein regelrechter Anklagewahn hat uns in letzter Zeit befallen, und zugleich ein Wahn der Verantwortlichkeit, und das gerade in einer Zeit, in der Verantwortung immer ungreifbarer wird. Die Geschichte umarbeiten, eine saubere Geschichte machen – alle schrecklichen Vorgänge reinwaschen, da man inmitten der ausufernden Skandale das dunkle Gefühl oder den heimlichen Groll hat, daß die Geschichte selber ein Skandal ist. Ein rückläufiger Prozeß, der uns in einen Ursprungswahn treiben kann, sogar in vorgeschichtliche Zeiten, bis hin zum Zusammenleben der Tiere, bis zur Strohhütte der Primitiven, wie es bereits beim Flirt der Ökologie mit einem unmöglichen Ursprung der Fall ist.

Der einzige Ausweg, die einzige Möglichkeit, diesem Rückfall und dieser Obsession zu entkommen, bestünde darin, sich von vornherein in einen anderen Zeitkreislauf zu begeben, über den eigenen Schatten zu springen, über den Schatten des Jahrhunderts, eine elliptische Verkürzung vorzunehmen und über das Ende hinauszugehen, indem man ihm gar nicht erst die Zeit läßt, stattzufinden. Dadurch könnte man zumindest retten, was von der Geschichte übrig ist, anstatt sie einer zerstörerischen Revision zu unterwerfen und sie denen zu überlassen, die ihren Leichnam so obduzieren wollen, wie man seine Kindheit in einer endlosen Psychoanalyse obduziert. Das würde zumindest bedeuten, die Erinnerung an sie und ihre Aura zu bewahren, während wir gegenwärtig dabei sind, unter dem Banner der Revision und Rehabilitation Stück für Stück alle vorherigen Ereignisse zu vernichten, indem wir sie zwingen, zu bereuen.

Wenn wir diesem Moratorium des Jahrhundertendes entkommen können, diesem aufgeschobenen Fälligkeitsdatum, das auf seltsame Weise einer Trauerarbeit ähnelt, und zwar einer *gescheiterten* Trauerarbeit, die darin besteht, alles zu überprüfen, neu zu schreiben, zu restaurieren, aufzupolieren, um anscheinend mit paranoischem Schwung am Ende des Jahrhunderts eine vollkommene Buchhaltung, eine weltweit positive Bilanz vorzulegen; das Reich der Menschenrechte auf dem ganzen Erdball, überall Demokratie, die endgültige Beseitigung aller Konflikte und, wenn möglich, die Auslöschung unserer Erinnerung an alle »negativen« Ereignisse – wenn wir also dieser Arbeit des Reinwaschens, des internationalen Polierens entgehen können, um die heute alle Nationen neidvoll konspirieren, wenn wir uns diese demokratische Letzte Ölung ersparen, durch die sich die Neue Weltordnung ankündigt, lassen wir zumindest den Ereignissen, die uns vorausgegangen sind, ihre Aura, ihre Eigenheit, ihren Sinn, ihre Einzigartigkeit. Während wir es anscheinend so eilig haben, das Schlimmste zu verbergen, bevor ein Konkursantrag gestellt wird (alle fürchten sich insgeheim vor der schrecklichen Bilanz, die wir im Jahre 2000 eröffnen werden), bleibt uns am Ende dieses Jahrtausends nichts mehr von unserer Geschichte übrig, nichts von ihrem Glanz und nichts von ihrer ununterbrochenen Kette der Gewalt. Wenn es ein Unterscheidungsmerkmal von Ereignissen gibt, also für das, was ein Ereignis ausmacht und was somit einen historischen Wert hat, dann ist es das, was es irreversibel macht und daß irgend etwas an ihm immer über die Bedeutung und die Interpretation hinausgeht. Heute beobachten wir genau das Gegenteil: alles, was in diesem Jahrhundert unter dem Banner von Fortschritt, Befreiung, Revolution und Gewalt geschehen ist, wird nun in einem gutgemeinten Sinne revidiert.

Es geht um folgendes Problem: Ist die Bewegung der Moderne umkehrbar, und ist diese Umkehrung selber unumkehrbar? Wie weit kann diese Art Rückblick, dieser Traum vom Ende des Jahrtausends gehen? Gibt es nicht analog zur Schall- oder Geschwindigkeitsmauer eine »Geschichtsmauer«, die die Geschichte in ihrer palinodischen Bewegung nicht durchbrechen kann?

DAS AUFSTEIGEN DER LEERE ZUR PERIPHERIE HIN

Zu Beginn der 90er Jahre, inmitten von unerwarteten Geschehnissen und in Erwartung weiterer unvorhersehbarer Ereignisse kamen einige Freunde auf die Idee, eine unsichtbare, anonyme und klandestine Agentur zu gründen, die *Agentur Stealthy*, die außerdem heißen sollte:

ANATHEMATIC ILLIMITED
TRANSFATAL EXPRESS
VIRAL INCORPORATED
INTERNATIONAL EPIDEMICS

Da sie irreale Ereignisse einfangen wollte, um mit ihnen die Öffentlichkeit zu desinformieren, ist sie selber irreal geblieben. Indem sie allen Radarpeilungen entging, hat sie ihre Aufgabe voll und ganz erfüllt – ein einzigartiges und für immer virtuelles Konzept.

Sie geht stillschweigend davon aus, daß es keine Ideen mehr gibt, die mit den Dingen in Konflikt geraten (was ja die »Utopie« der 60er und 70er Jahre war), daß es keine echten Akteure mehr gibt, die mit den Ereignissen in Konflikt geraten, und auch keine Intellektuellen, die sich über ihre eigene Rolle Gedanken machen, sondern nur noch eine Flut von unwichtigen Ereignissen, ohne echte Akteure und ohne autorisierte Interpreten: die *actio* ist mit der *auctoritas* verschwunden. Übrig bleibt nur noch die Aktualität, die »action« wie im Film und die »Auktion«, die preisliche Bewertung des Ereignisses durch eine Versteigerung von Informationen. Das Ereignis wird nicht mehr während der Aktion aufgenommen, sondern in

Spekulationen und in Kettenreaktionen, welche sich im Extrem zu einer Faktizität verketten, die keine Interpretation mehr einholen kann.

Simulation ist gerade jener unwiderstehliche Ablauf, bei dem die Dinge so miteinander verkettet werden, als ob sie einen Sinn hätten, während sie eigentlich nur durch eine künstliche Montage und durch den Un-Sinn organisiert werden. Die Versteigerung des Ereignisses durch radikale Desinformation. Das Ereignis bekommt einen Preis, es wird nicht mehr ins Spiel gebracht; das vermarktete Ereignis steht gegen jeden geschichtlichen Einsatz. Wenn es dennoch einen Einsatz gibt, dann bleibt er verborgen, rätselhaft; er löst sich in Ereignisse auf, die nicht wirklich stattgefunden haben. Und ich spreche hier nicht von gewöhnlichen Ereignissen, sondern von den Ereignissen im Osten, vom Golfkrieg etc. Die Agentur wollte dieser Simulation gerade eine radikale Entsimulierung entgegensetzen; sie wollte *den Schleier lüften, der verbirgt, daß die Ereignisse gar nicht stattfinden*. Sie wollte also im Gegensatz zu den Medien, die wild darauf sind, alle Lücken zu füllen, ebenso verborgen und rätselhaft wie die Ereignisse bleiben, um den Weg für eine gewisse Leere, einen gewissen Nonsens zu bahnen. Sich in den Leerräumen zwischen den Ereignissen bewegen, so wie der Metzger Dschuang-Dsi in den Zwischenräumen des Körpers[1]. Gewiß, diese Art von verstohlener, hinterhältiger Intervention im Sinne des Leeren gegen die groteske, ubueske Aufgeblasenheit

1. Vgl. J. Baudrillard, *Der symbolische Tausch und der Tod*, Kap. IV, übers. von G. Ricke und R. Voullié, München 1982, S. 189 ff. [A.d.Ü.]

des Informationssystems und der politischen Szenerie war nur ein Traum. Da sie verborgen und rätselhaft war, endete sie damit, daß sie ebensowenig stattfand wie die Ereignisse selbst. Sie ist in das gleiche schwarze Loch, in den gleichen virtuellen Raum gefallen wie die Nicht-Ereignisse, von denen sie sprechen wollte (heimlich, ohne daß jemand davon wußte, aber doch ganz zielstrebig, nach dem Vorbild dieser neuen Ereignisse, die entweder durch die Medien geschaffen werden oder nicht existieren). Ein offensichtlich unlösbares Paradox. Aber diese Idee ist nicht gestorben.

Die Stealthy-Agentur entsprach dem Streik der Ereignisse, dem Streik der Geschichte. Sie war wie die Geschichte auf abwesende Ereignisse abonniert, sie wollte die genaueste Nicht-Information über diese Abwesenheit von Ereignissen liefern, über diesen unbegrenzten Streik mit gleichzeitiger Besetzung der Geschichte und des Leeraumes, über dem noch die Phantome der Macht schweben, so wie Streikende die Fabrik besetzen, den Leerraum der Arbeit, über dem noch das Phantom des Kapitals schwebt.

Es ist so, als ob die Ereignisse die Streikparole weitergeben würden. Nach und nach verlassen sie ihre Zeit und verwandeln sie in eine leere Aktualität, in der nur noch das visuelle Psychodrama der Information stattfindet. Und dieser Streik der Ereignisse hat den *lock-out* der Geschichte zur Folge. Daß das Ereignis keine Information mehr erzeugt, sondern das Gegenteil, hat unberechenbare Konsequenzen. Denn am Horizont der Medien verschwindet die gesamte Arbeit des Negativen – genau so, wie am Horizont des Kapitals die Arbeit verschwindet. Auch hier werden die Verhältnisse auf den Kopf gestellt: nicht mehr die Arbeit dient zur Reproduktion des Kapitals, sondern das Kapital produziert und reproduziert die Arbeit. Eine gigantische Parodie der Produktionsverhältnisse.

Diese Auflösung des Verhältnisses von Ursachen und Wirkungen ist nicht mehr das Ergebnis kritischen Denkens, sondern allein das Resultat der objektiven Ironie. Wenn die Agentur die Originalität dieses Nicht-Ereignisses, die in einer objektiven Ironie besteht, erfassen wollte, durfte sie also nicht nur nicht der Versuchung erliegen, über die streikenden Ereignisse zu informieren, sondern auch nicht der Verkettung einer kritischen Argumentationsweise. Denn die radikale Ironie unserer Geschichte liegt darin, daß die Dinge nicht mehr wirklich stattfinden, obwohl es dennoch so aussieht. Sie ist das Gegenteil der traditionellen List der Geschichte, die bewirkte, daß die wesentlichen Veränderungen stattfanden, ohne daß es so aussah.

Man denke nur daran, daß man die Ereignisse im Osten für bare Münze genommen hat, mit der nicht in Gold aufzuwiegenden Freiheit und den »demokratischen Werten«, ebenso wie den Golfkrieg, mit den nicht in Gold aufzuwiegenden Menschenrechten und der Neuen Weltordnung! Für diese völlig überbewerteten Ereignisse gilt das Gleiche wie für die Bühne der Geschichte und den aktuellen Kunstmarkt. Gegen diese Inflation der Spekulation, die allen auf den Wecker geht, das heißt, die alle in einen Zustand der Überdrehtheit, aber auch der Gleichgültigkeit, Erstarrung und Apathie versetzt, gegen diese aufgeblähten Ereignisse, die mit dem *Riesigen Wanst der Geschichte* vergleichbar sind[2], müßte man eine ironische Form der Informationsverwirrung finden, eine nichtssagende Schreibweise, die der nichtssagenden Ereignishaftigkeit unserer Zeit gerecht wird, und zugleich eine subtil katastrophische Form, die dem Fälligkeitsdatum des Jahrhundertendes entspricht. Angesichts dieses Streiks der Ereignisse müßte man auf das Muster der Abschreckung zurückgreifen, auf die enttäuschende Form, die die Nichtigkeit unserer Zeit bestimmt.

Die Abschreckung ist eine sehr spezielle Handlungsform: sie bewirkt, *daß etwas nicht stattfindet*. Sie beherrscht unsere gegenwärtige Epoche, die nicht so sehr darauf gerichtet ist, Ereignisse zu erzeugen, sondern eher dahin wirkt, daß etwas nicht stattfindet und sich dabei noch den Anstrich eines historischen Ereignisses gibt. Beziehungsweise, die Ereignisse finden an Stelle von etwas anderem statt, das nicht stattfindet. Die Abschreckung bezieht sich gleichermaßen auf den Krieg, die Geschichte, das Reale und die Leidenschaften. Sie gibt seltsamen Ereignissen Raum, die die Geschichte keineswegs voranbringen, sondern sie in umgekehrter Richtung neu durchspielen, indem sie sich mit der umgekehrten Kurve verbinden, die unser Geschichtsverständnis nicht fassen kann (nur das hat eine geschichtliche Bedeutung, was im Sinne der Geschichte

2. *La Grande Gidouille de l'Histoire*: eine Anspielung auf den riesigen Bauch des »Vater Ubu« von Alfred Jarry. Vgl. J. Baudrillard, *Die göttliche Linke*, übers. von R. Voullié, München 1986, S. 108. [A.d.Ü.]

läuft). Diese Ereignisse haben keine negative (progressive, kritische, revolutionäre) Kraft mehr, da *ihre einzige Negativität darin besteht, daß sie nicht stattfinden*. Das ist sehr verwirrend.

Das Reich der Abschreckung erstreckt sich sogar auf die Vergangenheit. Was Tatsachen und geschichtliche Zeugnisse betrifft, kann sie jede Gewißheit beseitigen. Sie kann das Gedächtnis ebenso aus dem Gleichgewicht bringen wie jede Voraussicht. Sie ist eine teuflische Kraft, die den Übergang zur tatsächlichen Ausführung des Ereignisses vereitelt, oder aber, falls es doch stattfindet, stattgefunden hat, seine Glaubwürdigkeit herabsetzt.

Vielleicht ist diese Krümmung der Dinge, die bewirkt, daß sie keinen Sinn und kein lineares Ende mehr haben, eine Depression im meteorologischen Sinne des Wortes – die Leere, die wir empfinden, wäre nicht vom Verfall des Sinns oder des Gedächtnisses abhängig, sondern von einer seltsamen Anziehung, die von woanders ausgeht. Ist die Atonie, die Katatonie, die wir verspüren, vielleicht im umgekehrten Sinne zu interpretieren – nicht als eine Leere, die durch das Zurückweichen vergangener Ereignisse entstanden ist, sondern als eine Leere, die durch die Sogwirkung eines künftigen Ereignisses zustande kommt, durch eine nahe Ereignismasse, die von sich aus durch Antizipation den gesamten Sauerstoff, den wir einatmen, anzieht und dadurch einen brutalen Druckabfall der gesellschaftlichen, politischen, kulturellen und geistigen Sphäre erzeugt?

Vielleicht sollte man sich an die pataphysische Hypothese der Gegen-Schwerkraft und der Anti-Dichte halten, also an eine Wissenschaft der imaginären Lösungen, die über der Physik und der Metaphysik steht. In den

Heldentaten und Lehren des Dr. Faustroll entwirft Jarry bereits die Konturen einer seltsamen Anziehungskraft, die sich aus einer Umkehrung der Prinzipien der Physik ergibt: »Die gegenwärtige Wissenschaft stützt sich auf das Prinzip der Induktion: die meisten Menschen haben ein Phänomen oft genug einem anderen vorausgehen oder nachfolgen sehen, und schon schliessen sie daraus, dass es immer so sein muß. (...) Sollte man nicht, statt das Gesetz des freien Falls der Körper auf einen Mittelpunkt hin zu formulieren, vielmehr die These vom *Aufsteigen der Leere zu einer Peripherie hin* vorziehen, indem man die Leere als Einheit der Nicht-Dichte betrachtet, eine Hypothese, die viel weniger willkürlich ist als die Festlegung auf die konkrete, positive Dichte-Einheit«[3]?

Eine umgekehrte Anziehung durch die Leere anstelle der Anziehung des Vollen durch das Volle. Das gäbe unseren Ereignissen vielleicht jene besondere Färbung, jenen Geschmack oder vielmehr diese Fadheit des Leeren und diese Nichtigkeit. So wie sie geschehen, wären sie bereits *vanishing events*, die kaum Sinn haben, weil sie bereits ins Leere abdrehen. Gegen die alte Physik von gerichteten Kräften: eine neue Gravitation, die wahre, die einzige, die Anziehung durch das Leere – zweifellos das grundlegendste Naturgesetz.

Das würde viele Anomalien erklären, darin eingeschlossen auch die des geistigen Universums und des

3. Alfred Jarry, *Heldentaten und Lehren des Dr. Faustroll (Pataphysiker)*, übers. von I. Hartig und K. Völker, Berlin 1968, S. 27.

»psychologischen« Bereiches. So würden unsere Handlungs- und Bewegungsformen weniger vom positiven Antrieb als von der Aus- und Abstoßung abhängen. Eine zentrifugale Mobilität von Teilchen, die sich von der Dichte befreien wollen? Aber an was wollen sie sich dann anschließen? An eine geheimnisvolle Peripherie des Raumes, eine Gegen-Schwerkraft. So würde man der schweren Form, der Gravitation und dem Gravitätischen des »Begehrens«, das als eine positive Anziehung begriffen wird, durch die viel feinere Exzentrizität der Verführung entkommen, die – um alte Kosmogonien aufzugreifen, die auch ihren Reiz haben – ein schöner Ausflug von viel leichteren Molekülen aus dem Körper wäre, welche nur eine einzige Fluchtlinie kennen, nämlich die des Leeren (so wie in der poetischen Sprache, bei der jedes Teilchen seine Auflösung in der anagrammatischen Resonanz findet).

Man könnte von den neuen Ereignissen sagen, daß sie vor sich einen Hohlraum schaffen, in den sie hineinstürzen. Anscheinend wollen sie nur eines so schnell wie möglich, nämlich vergessen werden. Sie lassen fast keinen Raum für eine Interpretation, es sei denn für alle Interpretationen gleichzeitig, wodurch sie jeder Sinngebung und der schweren Anziehungskraft einer kontinuierlichen Geschichte entgehen, um in die leichte Kreisbahn einer diskontinuierlichen Geschichte einzutreten. Sie sind schneller als ihr Schatten, sie treten meistens unvorhergesehen ein, haben aber keine Folgen. Meteorische Ereignisse, die aus der gleichen chaotischen Inkonsequenz hervorgehen wie Wolkenformationen. So machen die Ereignisse im Osten den Eindruck einer langen negativen Zusammenballung und einer plötzlichen Entladung, wie beim offensichtlichen und plötzlichen Resultat von Vorgängen, die wir nicht im Griff haben. Unter diesen Bedingungen hinterlassen solche dennoch bedeutenden Ereignisse den seltsamen Geschmack des bereits Geschehenen, des rückwärts gewandten Ablaufs, der nichts Entscheidendes über die Zukunft aussagt. Wir wundern uns höchstens darüber, daß wir diese Ereignisse nicht vorhersehen konnten, und wir bedauern allenfalls, daß wir keine Konsequenzen aus ihnen ziehen können. Der Bildschirm der Geschichte wechselt im gleichen ungestümen Rhythmus wie die natürlichen Phänomene.

Man hat den Eindruck, daß sich die Ereignisse von selbst überstürzen und sich unvorhersehbar auf ihren Fluchtpunkt zubewegen – auf die periphere Leere der Medien. So wie die Physiker von ihren Teilchen nur die Flugbahn auf dem Bildschirm sehen, rufen die Ereignisse bei uns kein Herzklopfen mehr hervor, sondern wir haben nur noch ein Kardiogramm von ihnen, sie sind weder in der Vorstellung noch im Gedächtnis vorhanden, sondern nur ein (flaches) Enzyphalogramm, sie rufen kein Begehren hervor und verschaffen keinen Genuß, sondern sind nur ein Psychodrama und Bildschirmgeflacker.

In etwa so wie bei der Fortpflanzung *in vitro*: man verpflanzt den Embryo des realen Ereignisses in den künstlichen Uterus der Information, und dort bringt man zahllose verwaiste Föti zur Welt, die weder Vater noch Mutter haben. Das Ereignis hat ein Recht auf die gleichen Fortpflanzungspraktiken wie die Geburt und auf die gleichen Euthanasiepraktiken wie der Tod.

Eben dem verdanken wir zweifellos folgenden amüsanten physischen Effekt: den Eindruck, daß die kollektiven oder individuellen Ereignisse in ein Erinnerungsloch gefallen sind. Dieses Versagen der Erinnerung ergibt sich zweifellos aus der Umkehrbewegung, aus der parabolischen Krümmung des geschichtlichen Raumes. Denn Vergangenheit ist nur vorstellbar und kann nur reflektiert werden, wenn sie uns in die andere Richtung drängt, in die einer irgendwie gearteten Zukunft. Der Rückblick ist mit einem Vorausblick verbunden, der es erlaubt irgend etwas als überholt und somit als wirklich schon stattgefunden zu bezeichnen. Wenn wir aufgrund irgendeiner merkwürdigen Revolution in die umgekehrte Richtung aufbrechen und uns in diese Dimension des Vergangenen zurückversetzen, können wir sie uns nicht mehr vorstellen. Die Strahlung des Gedächtnisses krümmt sich und macht aus jedem Ereignis ein schwarzes Loch. Das erleben wir auch subjektiv, beim plötzlichen Schwinden unserer Erinnerung, wenn die Kontinuität von Namen, Gesichtern und bekannten Formen plötzlich gebrochen wird. Bei dieser Art von Erinnerungskatastrophe handelt es sich weder um natürliches Vergessen noch um unbewußte Verdrängung. Die Inversion des Gravitationsfeldes der Zeit bewirkt, daß die Zeichen der Vergangenheit kein spezifisches Gewicht mehr haben, also nicht mehr genügend Atommasse, um festgehalten zu werden. Es gibt keinen Spiegel der Gegenwart mehr, in dem sie reflektiert werden könnten. Die Erinnerungslücken sind so etwas wie Löcher in der Ozonschicht, durch die unser Schutzschirm aufgelöst wird. Aber vielleicht sind sie auch nicht groß genug, damit das, was in sie hineinstürzt, sich im Kreise zu drehen beginnt und die leichten Teilchen von den schweren Teilchen befreit und dabei das schwarze Loch vergrößert und vertieft, durch das die toten Körper ihre ätherische Substanz so wie bei Dante oder Giordano Bruno befreien könnten. In der absoluten Leere findet das absolute Ereignis statt. Die Leere kann also nur relativ sein, da der Tod virtuell geblieben ist.

DER STREIK DER EREIGNISSE

Der Glorienschein des Ereignisses, seine Aura, wie Benjamin sagte, ist verloren gegangen. Jahrhundertelang wurde die Geschichte im Zeichen des Ruhms erlebt, im Zeichen einer sehr starken Illusion, die sich auf das Fortdauern der Zeit bezieht, da sie von den Vorfahren ererbt wird und auf die Nachkommen ausstrahlt. Das leidenschaftliche Festhalten an dieser Vorstellung wirkt heute lächerlich. Wir wollen keinen Ruhm mehr, sondern Identität, keine Illusion, sondern wollen ganz im Gegenteil Beweise anhäufen – alles, was als Zeugnis für eine historische Existenz dienen kann, während früher die Aufgabe darin bestand, sich in einer wunderbaren Dimension zu verlieren, in der »Unsterblichkeit«, von der Hannah Arendt spricht und deren Transzendenz der Gottes gleichkam (Ruhm und Heil haben sich lange Zeit die Seele der Menschen streitig gemacht, genauso wie Leidenschaft und Mitleid im Angesicht des Ewigen rivalisierten).

Das wunderbare Ereignis, das sich weder an seinen Ursachen noch an seinen Folgen bemißt, das sich seine eigene Bühne und seine eigene Dramaturgie schafft, gibt es nicht mehr. Die Geschichte ist immer mehr auf den Wahrscheinlichkeitsbereich ihrer Ursachen und Wirkungen zusammengeschrumpft, und in jüngster Zeit auf den Bereich der Aktualität und ihrer Effekte in »Echtzeit«. Die Ereignisse reichen nicht weiter als ihr antizipierter Sinn, als ihre Vorprogrammierung und Verbreitung. Allein, *dieser Streik der Ereignisse* stellt eine echte geschichtliche Manifestation dar, nämlich die Weigerung, auch nur irgend etwas zu bedeuten, beziehungsweise die Fähigkeit, alles Mögliche zu bezeichnen. Das ist das wirkliche Ende der Geschichte, das Ende der geschichtlichen Vernunft.

Aber es wäre allzu schön, wenn wir dadurch mit der Geschichte Schluß gemacht hätten. Denn es ist möglich, daß die Geschichte nicht nur verschwunden ist (keine Arbeit des Negativen mehr, keine politische Vernunft, kein Nimbus der Geschichte), sondern daß wir auch noch *ihr Ende nähren* müssen. Alles läuft so ab, als ob wir weiterhin Geschichte machen würden, obwohl wir, indem wir die Zeichen des Sozialen, die Zeichen der Politik, die Zeichen des Fortschritts und der Veränderung anhäufen, nichts anderes machen, als das Ende der Geschichte zu nähren. Kannibalisch und nekrophag wie sie ist, verlangt sie ständig neue Opfer und neue Ereignisse, um etwas mehr zu Ende zu gehen. Der Sozialismus ist dafür ein gutes Beispiel. Durch das Scheitern der historischen Vernunft, die er verkörpern wollte, ist ihm diese Abwicklung des Endes der Geschichte übertragen worden. Er muß für das Ende sorgen.

Man hat sich bereits gefragt, was nach der Orgie (*after the orgy*) kommen könnte – Trauerarbeit oder Melancholie? Weder das eine noch das andere, sondern ein unendliches Schleifen aller Höhepunkte der modernen Geschichte und ihrer Befreiungsprozesse (von Völkern, der Sexualität, des Traumes, der Kunst und des Unbewußten, kurz, all dessen, was die Orgie unserer Zeit ausgemacht hat) im Zeichen des apokalyptischen Vorgefühls vom Ende all dessen. Anstatt vorwärts zu gehen, ziehen wir die rückwärtsgewandte Apokalypse und den Revisionismus in allen Dingen vor – all unsere Gesellschaften sind revisionistisch geworden, in aller Ruhe überdenken sie alles neu, stellen für ihre politischen Verbrechen und ihre Skandale Persilscheine aus, lecken ihre Wunden und nähren ihr Ende. Die Gedenk- und Gedächtnisfeiern selber sind nur die sanfte Form des nekrophagen Kannibalismus, die homöopathische Form des sanften Mordes. Das ist die Arbeit von Erben, deren Ressentiment gegenüber dem Toten unerschöpflich ist. Die Museen, die Jubiläen, die Festivals, die Gesamtausgaben, die kleinsten unveröffentlichten Fragmente – das alles weist darauf hin, daß wir in eine rührige Ära des Ressentiments und der Reue eintreten.

Der Übereifer bei den Gedächtnisfeiern ist offensichtlich Bestandteil dieser kollektiven Geißelung. Wir in Frankreich werden ganz besonders verwöhnt: ein regelrechtes Ritual der Trauer und der Kondolenz prasselt auf unser öffentliches Leben nieder. Und all unsere Monumente sind Mausoleen: die Pyramide im Louvre, die Grande Arche in La Défense, das Musée d'Orsay, ein Pharaonengrab, die Große Bibliothek, ein Zenotaph der Kultur. Ganz zu schweigen von der Französischen Revolution, ein Monument für sich, für das die Zweihundertjahrfeier die schönste Ereignissimulation des Jahrhundertendes war.

Es gibt zwei Arten des Vergessens: einerseits das langsame oder gewaltsame Auslöschen der Erinnerung und andererseits der spektakuläre Ausverkauf, der Übergang des geschichtlichen Raumes in den Raum der Werbung – die Medien werden zum Ort einer weltlichen Beeinflussungsstrategie... So haben wir uns mit Hilfe von Reklamebildern ein synthetisches Gedächtnis geschaffen, das den ursprünglichen Bezug, den

Gründungsmythos ersetzt und uns vor allem vom wirklichen Ereignis der Revolution befreit.

»Eine Revolution steht in Frankreich nicht auf der Tagesordnung, weil die Große Revolution bereits stattgefunden hat und weil sie seit zwei Jahrhunderten allen anderen als Beispiel gedient hat... Wir müssen heute in Frankreich dafür sorgen, daß keine Revolution stattfindet« (Louis Mermaz). Das heißt, sie hat stattgefunden, sie ist vorbei und sie wird niemals wieder stattfinden. Unser ganzes System beruht auf dieser negativen Antizipation. Nicht nur, daß wir es nicht mehr schaffen, eine neue Geschichte zu produzieren, sondern wir schaffen es nicht einmal mehr sie symbolisch zu reproduzieren. Wir bauen eine Oper an der Bastille. Eine lächerliche Rehabilitierung: hier wird man dem Volk königliche Musik servieren. Davon wird es allerdings auch nicht viel haben, denn es sind die gebildeten Leute, die dort hingehen und die Regel bestätigen, daß die Privilegierten bereitwillig durch Kunst und Vergnügen die Orte heiligen, an denen andere ihr Leben gelassen haben.

Soll man dem Volk empfehlen, diese Oper im Sturm zu nehmen und sie am symbolträchtigen Datum des 14. Juli abzureißen? Soll man ihm empfehlen, die blutigen Köpfe unserer Kulturdirektoren auf den Spitzen von Piken umherzutragen?

Nun, wir machen keine Geschichte mehr, wir haben uns mit ihr ausgesöhnt und schützen sie wie ein gefährdetes Kunstwerk. Die Zeiten haben sich geändert. Wir haben heute eine ganz und gar fromme »Vision« von der Revolution in Form der Menschenrechte – die nicht einmal nostalgisch ist: eine Vision, die in postmoderner intellektueller Ausstattung immer wieder in Umlauf gebracht wird. Eine Vision, die es ermöglicht, Saint-Just aus dem *Wörterbuch der Revolution* zu streichen. »Eine überschätzte Rhetorik«, sagt François Furet, der Paradehistoriker des Bereuens der Schreckensherrschaft und des Ruhms.

Die einen lassen die Toten die Toten begraben und die anderen werden nicht müde, sie auszugraben, um sie endgültig fertig zu machen. Da ihnen weder ihr symbolischer Mord noch ihre Trauerarbeit gelungen ist, genügt es ihnen nicht, daß die anderen tot sind, sie müssen sie auch noch ausgraben, um sie aufzuspießen – das zeigt das Beispiel von Carpentras (nach dem von Temesvar: die Fälschung von Leichen durchs Fernsehen), der Komplex der Grabschändung.

Nichts ist für diese Operation besser geeignet als ihr hundertster Todestag. Rimbaud, van Gogh, Nietzsche, das Jahr 91 war für grabschänderische Aktivitäten besonders gut geeignet.

In diesem Drang der kulturellen und intellektuellen Elite, Denker in den Himmel zu heben, die für sie nur Verachtung übrig hatten und die deshalb ihre leibhaftige Verdammung sind (Céline, Artaud, Bataille und Nietzsche), kann man eine Art von selbstmörderischem Verhalten sehen. Liegt es an jenen Schwächen des Instinkts, die Nietzsche bereits vor einem Jahrhundert diagnostizierte und die eine Gattung charakterisieren, die unfähig ist zu beurteilen, was gut für sie ist? Wenn die Linke eine Gattung wäre und wenn die Kultur den Gesetzen der natürlichen Auslese folgen würde, wäre sie schon lange ausgestorben. Weil sie mit dem flirtet, was sie ablehnt, weil sie an einem völligen Widerspruch zwischen ihrem kritischen Denken und ihrem Handeln krankt, weil sie versucht, ihre unterbewußte kritische Haltung und ihre Machtstellung zu versöhnen und weil sie aus der Kultur eine Herrschaftstechnik macht. All das gehört bereits zu den Formen der Reue.

Es gibt nur noch Terroristen, die bereuen. Die Intellektuellen haben ihnen den Weg gebahnt – die Anhänger Sartres und andere haben seit den 50er Jahren die Avantgarde der Reue hervorgebracht. Heute bereut sich das ganze Jahrhundert, die Reue der Klasse (oder Rasse) gewinnt überall die Oberhand über das Klassenbewußtsein und den Klassenstolz. Ein Zeichen dafür, daß das Jahrhundert sich intellektualisiert. Es intellektualisiert sich heute, so wie es sich vor einem Jahrhundert verbürgerlicht hat. Und das Wort »intellektuell« wird eines Tages ebenso verschwinden, wie das Wort »bürgerlich«, das heute nur noch den lächerlich macht, der es verwendet.

Die Selbstauflösung, die gleichermaßen im Westen und im Osten stattfindet, zeigt sich am Verfall der Macht- und Repräsentationsstrukturen (je mehr sich die politische Sphäre intellektualisiert, um so mehr verleugnet sie insgeheim ihren eigenen Regierungswillen, und dieser Vorbehalt gegenüber sich selbst ist die Quelle aller Korruptionen), sie zeigt sich aber auch an den vielen Strategien, die den Werten, Kulturen und Unterschieden einen neuen Reiz verleihen sollen. Wir verschwenden alle Energie im Widerstand gegen unser eigenes Ende, das wir weder genießen noch wie im Rausch erleben können. Besser wäre eine gigantische Nacht des 4. August, eine große Nacht der Menschenrechte, in der die ganze Menschheit auf sie verzichten würde, so wie einstmals die Aristokraten auf ihre Privilegien verzichtet haben, und wo der Verzicht die Gestalt des Exzesses annehmen würde. Was muß geschehen, damit wir nicht ewig unsere Kultur wiederkäuen?

Es hat den Anschein, als ob wir auf eine unendliche Rückschau auf all das verwiesen sind, was vor uns geschehen ist. Was für die Politik und die Moral gilt, scheint auch für die Kunst zu gelten. Die ganze Bewegung der Malerei hat sich aus der Zukunft zurückgezogen und in die Vergangenheit begeben. Die aktuelle Kunst ist dabei, sich die Werke der näheren oder ferneren Vergangenheit oder auch bereits der Gegenwart wieder anzueignen. Russel Connor bezeichnet das als den Raub der modernen Kunst. Gewiß, diese Wiederaneignung will ironisch verstanden sein. Aber dieser fadenscheinige Humor ist eine leicht zu durchschauende Huldigung. Wie bei einem verblichenen Gewebe handelt es sich um eine Ironie, die nur aus der Desillusionierung der Dinge resultiert, um eine fossile Ironie. Das Augenzwinkern, das darin besteht, den Akt aus dem *Frühstück im Grünen* von Manet dem *Kartenspieler* von Cézanne gegenüber zu stellen, so wie man einem Affen einen Admiralshut aufsetzt, ist nur noch die Ironie der Reklame, die heute die Kunstwelt überschwemmt. Dabei handelt es sich um eine Ironie der Reumütigkeit und des Ressentiments gegenüber der eigenen Kultur. Reue und Ressentiment bilden zweifellos das letzte Stadium der Kunstgeschichte, so wie sie laut Nietzsche das letzte Stadium der Genealogie der Moral ausmachen. Das ist eine Parodie oder vielmehr eine Palinodie der Kunst und der Kunstgeschichte (eine Peripetie, die die der

Geschichte schlechthin widerspiegelt) – eine Selbstparodie der Kultur in Form von Rache, was typisch für eine radikale Desillusionierung ist. Als ob die Geschichte ihre eigenen Mülleimer schaffen und ihre Erlösung in den Abfällen suchen würde.

Jammerschade! Das Ende der Geschichte bedeutet auch das Ende der Mülleimer der Geschichte. Es gibt nicht einmal mehr Mülleimer, um die alten Ideologien, die alten Regime und die alten Werte zu entsorgen. Wohin sollen wir den Marxismus werfen, der ja die Müllhalden der Geschichte erfunden hat? (Darin liegt aber eine gewisse Gerechtigkeit, denn gerade diejenigen, die sie erfunden haben, sind auf den Müll geworfen worden.) Schlußfolgerung: es gibt keine Mülleimer der Geschichte mehr, *weil die Geschichte selber zum Mülleimer geworden ist.* Sie ist zu ihrem eigenen Mülleimer geworden. So wie gegenwärtig die Erde selber zur Müllhalde wird.

Wenn das Eis gefriert, kommen alle Exkremente an die Oberfläche. Als die Dialektik eingefroren wurde, konnte man beobachten, wie alle heiligen Exkremente nach oben stiegen. Wenn die Zukunft eingefroren wird, und sogar auch schon die Gegenwart, kommen alle Exkremente der Vergangenheit wieder hoch.

Es geht also um das Problem der Abfälle. Es stellt sich nicht nur für materielle Substanzen, inklusive atomare, sondern auch für abgestorbene Ideologien, vergangene Utopien, tote Begriffe und fossile Ideen, die weiterhin unsere Geistessphäre verschmutzen. Die geschichtlichen und intellektuellen Abfälle sind ein viel ernsteres Problem als die industriellen Abfälle. Wer soll uns von den Ablagerungen der Jahrhunderte alten Dummheit befreien? Und was die Geschichte betrifft, wie soll man diesen lebendigen Müll, dieses im Sterben liegende Ungeheuer loswerden, das nach seinem Tod immer noch wächst wie der Leichnam bei Ionesco?

Die ökologische Forderung lautet, daß alle Abfälle wiederaufbereitet werden müssen. Sonst kreisen sie wie Satelliten endlos um die Erde, die selber zu kosmischem Abfall wird. Was mit der Geschichte geschieht, ist die Andeutung des folgenden Dilemmas: Entweder krepieren an den nicht abbaubaren Abfällen der großen Imperien, der großen Erzählungen und der großen Systeme, die an ihrem Gigantismus zerbrochen sind. Oder aber all diese Abfälle in der synthetischen Form einer anders gearteten Geschichte wiederaufbereiten, so wie wir es heute im Zeichen der Demokratie und der Menschenrechte machen, die immer nur die konfuse Summe der Wiederaufbereitung aller Residuen der Geschichte sind – Residuen des Zerfalls, in denen alle ethnischen, sprachlichen, feudalen und ideologischen Phantome früherer Gesellschaften herumspuken. Amnesie, Anamnese, anachronistische Wiederbelebung aller Gestalten der Vergangenheit – Königtum, Feudalismus – sind sie wirklich jemals völlig verschwunden? Die Demokratie selbst, diese auswuchernde Form, der kleinste gemeinsame Nenner all unserer liberalen Gesellschaften, diese weltweite Demokratie der Menschenrechte ist für die wirkliche Freiheit das, was Disneyland für den Bereich der Phantasie ist. Im Verhältnis zum modernen Freiheitsanspruch weist sie die gleichen Eigenschaften auf wie Recycling-Papier.

Nun ist das Problem der Abfälle keineswegs unlösbar. Es wird durch die postmoderne Erfindung des Recyclings und der Müllverbrennung gelöst. Die Großen Müllverbrennungsanlagen der Geschichte und der Überreste, aus denen der Phönix der Postmoderne aufgestiegen ist! Man muß sich klar machen, daß heute alles, was nicht abgebaut und vernichtet werden konnte, wiederaufbereitet wird und daß es somit keine endgültige Lösung gibt. Wir können dem Schlimmsten nicht entkommen, also dem, daß *die Geschichte kein Ende haben wird*, weil die Reste, alle Reste – die Kirche, der Kommunismus, die Demokratie, die Ethnien, die Konflikte, die Ideologien – unendlich recyclet werden können. Es ist unglaublich, daß nichts von dem, was man geschichtlich für überholt hielt, wirklich verschwunden ist, alles ist da, bereit zur Wiederauferstehung, alle archaischen, anachronistischen Formen sind unversehrt und zeitlos vorhanden wie Viren im Inneren des Körpers. Die Geschichte wurde nur aus der zyklischen Zeit herausgerissen, um dem Recycling zu verfallen.

TAUWETTER IM OSTEN

Hurra! Die Geschichte ist wiederauferstanden!

Das Ereignis des Jahrhundertendes ist in vollem Gange. Alle atmen auf bei dem Gedanken, daß die Geschichte, die für einen Moment von der totalitären Ideologie erstickt zu sein schien, mit der Aufhebung der Blockade der östlichen Länder wieder voll in Gang kommt. Endlich ist das Feld der Geschichte wieder für die unvorhersehbare Bewegung der Völker und ihren Freiheitsdurst freigegeben. Im Gegensatz zur depressiven Mythologie, die das Ende von Jahrhunderten normalerweise begleitet, hat es den Anschein, daß dieses Jahrhundertende in spektakulärer Weise zu Ende gehen muß, Anlaß zu neuer Hoffnung gibt und zur Erhöhung aller Einsätze führt. Alle bösen Voraussagen für ein Ende der Geschichte liegen hinter uns. Wie kann man angesichts dessen, was sich gerade vor unseren Augen abspielt, an der Realität und Lebendigkeit der Geschichte zweifeln?

Aus der Nähe betrachtet ist das Ereignis allerdings etwas rätselhafter. Es gleicht eher einem nicht identifizierbaren »historischen« Objekt. Das Auftauen der Länder im Osten, die Enteisung der Freiheit ist gewiß eine außergewöhnliche Wendung. Aber was wird aus der Freiheit, wenn sie aufgetaut wird? Das ist ein gefährliches Unternehmen mit zweideutigem Ausgang (ganz abgesehen davon, daß man nicht wieder einfrieren kann, was einmal aufgetaut worden ist). Die UdSSR und die anderen Länder im Osten waren sowohl eine Kühltruhe, wie auch ein Test- und Experimentierfeld für die Freiheit, weil sie hier zwangsverwaltet und stark unter Druck gesetzt wurde. Der Westen ist dagegen nur eine Verwahranstalt oder, besser gesagt, eine Deponie für Freiheit und Menschenrechte. War die Schockgefrierung das negative Unterscheidungsmerkmal für die östliche Welt, so ist die übertriebene Verflüssigung in unserer westlichen Welt noch viel anstößiger, da in ihr durch die Befreiung und Liberalisierung der Sitten und Weltanschauungen die Frage nach der Freiheit schlichtweg nicht mehr gestellt werden kann. Sie ist virtuell beantwortet. Im Westen ist die Freiheit, die Idee der Freiheit, eines schönen Todes gestorben. Die Gedenkfeiern der letzten Zeit haben das sehr gut gezeigt. Im Osten wurde sie zwar ermordet, aber kein Verbrechen ist perfekt. Auf experimenteller Ebene wird es sehr interessant sein, zu beobachten, was es mit der Freiheit auf sich hat, wenn sie wieder an die Oberfläche kommt, wenn sie wiederbelebt wird, nachdem man all ihre Zeichen getilgt hat. Man wird feststellen, was beim Wiederbelebungsversuch, bei der Rehabilitierung *post mortem* herauskommt. Die aufgetaute Freiheit sieht vielleicht gar nicht so gut aus. Und was geschieht, wenn sie nur dazu dient, sich Autos und Elektrogeräte zu beschaffen, sich psychedelische und pornographische Reize zu verschaffen, das heißt, wenn sie unmittelbar in westliche Zahlungsmittel umgesetzt wird, wenn sie also vom Ende der Geschichte durch Einfrieren zum Ende der Geschichte durch übermäßige Verflüssigung und Zirkulation übergeht? Das Spannende an diesen Vorgängen in den Ostblockländern liegt sicherlich nicht darin, wie sie folgsam eine genesende Demokratie auf die Beine stellen, indem sie ihr frische Energie (und neue Märkte) zuführen, sondern daß zwei verschiedene Arten des

Endes der Geschichte aufeinanderstoßen: das Ende durch Eiseskälte, in den Konzentrationslagern, und das Ende in der totalen und zentrifugalen Ausweitung der Kommunikation. In beiden Fällen handelt es sich um eine Endlösung. Es kann sein, daß das Auftauen der Menschenrechte das sozialistische Gegenstück für den »Druckabfall im Westen« ist: die Energien, die im Osten für ein halbes Jahrhundert unter Verschluß gehalten wurden, verflüchtigen sich nun einfach im westlichen Vakuum.

Die Hitze der Ereignisse mag täuschen: wenn die Freiheit in den östlichen Ländern nur ein Drang zur Entideologisierung und zur mimetischen Anpassung an die liberalen Länder ist, in denen alle Freiheit bereits gegen die technischen Erleichterungen des Leben eingetauscht wurde, dann werden wir endgültig wissen, was die Freiheit wert ist und daß sie vielleicht kein zweites Mal errungen werden kann. Die Geschichte kann nicht wiederaufgewärmt werden. Im Gegenteil – und das ist für uns im Westen ein unvorhersehbarer Aspekt (das Gute kann nicht so bleiben wie es ist, wenn das Reich des Bösen zusammenbricht) – dieses Auftauen des Ostens kann langfristig genauso verhängnisvoll sein wie das Entweichen von Kohlendioxid in die oberen Schichten der Atmosphäre, indem es zu einem politischen Treibhauseffekt führt. Die menschlichen Beziehungen auf der Erde können sich derartig erhitzen, daß es durch das Schmelzen des kommunistischen Packeises zu einer Überflutung der westlichen Ufer kommt. Seltsamerweise betrachten wir das klimabedingte Schmelzen des Eises und des Packeises als absolute Katastrophe, während wir es auf politischer Ebene demokratisch mit aller Kraft anstreben.

Hätte die UdSSR früher ihre Goldreserven auf den Weltmarkt geworfen, wäre dieser völlig aus dem Gleichgewicht geraten. Wenn die östlichen Länder nun den ungeheuren Vorrat an Freiheit, den sie eingefroren konserviert haben, wieder in Umlauf bringen, werden sie damit auch den sehr empfindlichen Stoffwechsel der westlichen Werte aus dem Gleichgewicht bringen, der darauf eingestellt ist, daß Freiheit nicht mehr als Aktion auftaucht, sondern als virtuelle und konsensorientierte Form von Interaktion, nicht als Drama, sondern als weltweites Psychodrama des Liberalismus. Eine plötzliche Injektion von Freiheit – in Form einer lebendigen Beziehung, einer gewaltsamen und aktiven Transzendenz, einer Idee – wäre für unsere Art der klimatisierten Umverteilung von Werten in jeder Hinsicht katastrophal. Aber trotzdem wollen wir genau das von ihnen haben: die Idee der Freiheit im Austausch gegen die materiellen Zeichen der Freiheit. Ein regelrechter Teufelspakt, bei dem die einen ihre Seele und die anderen ihren Komfort zu verlieren haben.

Die maskierten (kommunistischen) Gesellschaften werden demaskiert. Wie sieht ihr wirkliches Gesicht aus? Wir sind schon vor langer Zeit demaskiert worden, wir haben keine Masken und keine Gesichter mehr. Und auch kein Gedächtnis. Wir suchen im Wasser nach spurlosen Erinnerungen, das heißt, wir hoffen (Jacques Benveniste nehme es mir nicht übel), daß doch noch irgend etwas übrig geblieben ist, obwohl sogar die molekularen Spuren verschwunden sind. Ebenso steht es um unsere Freiheit: es würde uns ziemlich schwer fallen, noch irgendein

Zeichen von Freiheit zu setzen, und dabei gehen wir davon aus, daß sie unendlich klein, fast unsichtbar und unaufspürbar in einem Milieu von so hoher (programmatischer, operationeller) Auflösung vorhanden ist, daß nur noch ihr Gespenst in unserer Erinnerung umgeht.

Nachdem die Quelle der Freiheit im Westen versiegt ist (was die Gedenkfeiern für die Französische Revolution bezeugen), müssen wir alle Hoffnung auf die Vorkommen im Osten konzentrieren, die nun endlich entdeckt und erschlossen worden sind. Aber wenn dieser Freiheitsvorrat erst einmal freigelegt ist (die Idee der Freiheit ist ja genauso selten geworden wie natürliche Rohstoffvorkommen), passiert das Gleiche wie auf jedem Markt: ein intensiver, oberflächlicher Energiestrom von Tauschhandlungen, dann ein schneller Zusammenbruch der unterschiedlichen Energien und Werte.

Was bedeutet Glasnost? Die retroaktive Transparenz aller Zeichen der Moderne, immer schneller und aus zweiter Hand (fast ein postmodernes Remake unserer Originalversion der Moderne) – aller durcheinander gemischten positiven und negativen Zeichen, das heißt nicht nur der Menschenrechte, sondern auch der Verbrechen, Katastrophen und Unfälle, deren fröhliche Urständ man in der Ex-UdSSR seit der Liberalisierung des Regimes beobachten kann. Sogar die Wiederentdeckung der Pornographie und der Außerirdischen. Alles, was bisher zensiert wurde, wird nun gefeiert wie alles übrige auch. Eben das macht den experimentellen Charakter dieses globalen Tauwetters aus: wir können beobachten, wie die Verbrechen, die Atom- oder Naturkatastrophen und alles Verdrängte Teil der

Menschenrechte werden (natürlich auch das Religiöse und die Mode, ohne Ausnahme). Das ist eine gute Lektion in Sachen Demokratie. Denn dort können wir sehen, wie alles wieder auftaucht, was uns ausmacht; alle sogenannten universellen Embleme des Menschlichen erscheinen dort in einer Art von Ideen-Halluzination und Wiederkehr des Verdrängten, darin eingeschlossen das Schlimmste, Banalste und Abgedroschenste der westlichen »Kultur«, so daß man jetzt keine Grenzen mehr braucht. Damit ist für diese Kultur die Stunde der Wahrheit gekommen, die schon einmal geschlagen hat: bei der Konfrontation mit den Kulturen der Wilden auf der ganzen Welt (wobei die westliche Kultur übrigens keine gute Figur gemacht hat). Der Gipfel der Ironie liegt darin, daß wir selber vielleicht eines Tages gezwungen sein werden, die geschichtliche Erinnerung an den Stalinismus zu retten, während die Länder im Osten sich schon gar nicht mehr daran erinnern. Wir werden die Erinnerung an diesen Tyrannen, der selber die Bewegung der Geschichte eingefroren hat, einfrieren müssen, weil auch diese Eiszeit Bestandteil des weltgeschichtlichen Erbes ist.

Diese Ereignisse sind auch unter einem anderen Aspekt interessant. Sie zwingen einen dazu, sich über die Wende Gedanken zu machen, die die Geschichte hier nimmt, und zwar nicht in Richtung auf ihr Ende (das noch Bestandteil des Hirngespinstes der linearen Geschichte war), sondern in Richtung auf ihre Umkehrung und systematische Auslöschung. Wir sind dabei, das ganze 20. Jahrhundert auszulöschen. Wir sind dabei, nach und nach alle Zeichen des Kalten Krieges, vielleicht sogar auch des Zweiten Weltkrieges und aller politischen oder ideologischen Revolutionen des 20. Jahrhunderts auszulöschen. Die Wiedervereinigung Deutschlands und viele andere Dinge sind unvermeidlich, allerdings nicht im Sinne eines Vorwärtssprungs der Geschichte, sondern im Sinne einer rückläufigen Neuschreibung des gesamten 20. Jahrhunderts, die in großem Maße die letzten zehn Jahre dieses Jahrhunderts beschäftigen wird. Bei dem Tempo, das wir vorlegen, werden wir bald wieder beim Heiligen Römischen Reich angekommen sein. Und das wirft vielleicht ein bezeichnendes Licht auf dieses Jahrhundertende und auf die wirkliche Bedeutung der umstrittenen Formulierung vom Ende der Geschichte. Wir sind dabei, in einer Art von begeisterter Trauerarbeit alle herausragenden Ereignisse dieses Jahrhunderts herunterzuspielen und *reinzuwaschen*, als ob alles Geschehene (die Revolutionen, die Teilung der Welt, die Völkermorde, die Transnationalität, die atomare Abschreckung) – kurz, die Geschichte in ihrer modernen Phase – nur ein auswegloses Durcheinander gewesen wäre und als ob alle Welt sich daran gemacht hätte, diese Geschichte mit der gleichen Begeisterung aufzulösen, die man darangesetzt hatte, um sie zu schaffen. Restauration, Regression, Rehabilitation, Wiederaufleben der alten Grenzen, der alten Unterschiede, Besonderheiten und Religionen, Reue, sogar auf der Ebene der Sitten – es scheint, daß alle Zeichen der seit einem Jahrhundert errungenen Freiheit schwächer werden und vielleicht nach und nach ganz erlöschen: wir erleben einen gewaltigen Prozeß des *Revisionismus*. Nicht eines ideologischen Revisionismus, sondern eines Revisionismus der Geschichte selbst. Und wir scheinen es eilig zu haben, das vor dem Jahrhundertende zu schaffen – vielleicht in der geheimen Hoffnung mit dem neuen Jahrtausend wieder bei Null anzufangen? Als ob wir alles in den Anfangszustand zurückversetzen könnten? Aber welchen? Den vor dem 20. Jahrhundert, vor der Revolution? Wie weit kann uns dieses Aufsaugen der Geschichte, diese Einebnung führen? Das kann gerade deshalb sehr schnell gehen (wie die Ereignisse im Osten zeigen), weil es sich nicht um einen Aufbau, sondern um einen massiven Abbau der Geschichte handelt, der gewissermaßen wie ein Virus oder eine Epidemie wirkt.

DIE STRATEGIE DER AUFLÖSUNG

Jede Form von Reue ist ermüdend, und alle Gedenkfeiern sind ermüdend, da sie die Reue nur anschaulich machen. In diesem Sinne können sogar die Ereignisse im Osten, kann sogar das phantastische *aggiornamento* der Satellitenstaaten und der UdSSR, das allerdings nichts von einer Gedenkfeier an sich hat, dieses Bereuen der Geschichte, diese Bewegung der *istoria repentita* als bloße Illustration erscheinen. Weder Regression noch Ende, sondern Reue.

Die Figur des »Reumütigen« trat zuerst in Italien zu Beginn der achtziger Jahre auf. Sie ist bei den Linksradikalen entstanden, das heißt am äußersten Punkt der politischen Moderne, deren postmoderne Wende sie gewissermaßen anzeigt – sie infizieren sich selbst und dienen der liberalen Gesellschaft somit als Impfstoff gegen jede radikale Versuchung. Ein solcher Sinneswandel war früher undenkbar (die Moskauer Prozesse beruhten noch auf Selbstkritik, die ein moderner Begriff ist, während die Reue postmodern ist). Aber er bezeichnet nur die erste Phase einer allgemeinen Kehrtwendung, die nicht bei den Extremen haltmacht: die Reumütigkeit geht vom Linksextremismus zum Kommunismus über, und dann auf die gesamte revolutionäre Bewegung. Sie erfaßt zunächst die Avantgarden, die Speerspitzen der Moderne, dann schlägt sie auf den massiven Kern zurück, auf die kollektiven Ideologien. Die ganze Geschichte bereut die »Exzesse« der Moderne (und der Stalinismus war sicher einer dieser Exzesse). Aber mit den Exzessen ist die gesamte Bewegung der Moderne betroffen. Nicht nur die Revolution, sondern die moderne

Evolution selbst ist an ihrem Punkt der Reue angekommen.

Die Reue ist Bestandteil der Postmoderne – Recycling von überholten Formen, übertriebenes Feiern von Reststücken, Rehabilitation durch Flickschusterei und eklektische Gefühlsduselei. Mit einer Tendenz zu starker Verwässerung und schwachen Intensitäten. In diesem Sinne war der Stalinismus die Moderne, und die jüngsten Ereignisse der »Befreiung« entsprächen eher einem postmodernen Spannungsabfall. Ihre erstaunliche Mühelosigkeit und Schnelligkeit ist übrigens ein sicheres Zeichen dafür, daß wir den Abhang der Geschichte hinunterstürzen. Statt ihnen ein Plus an Modernität, Geschichte und Freiheit gutzuschreiben, kann man sich fragen, ob es sich nicht um einen entropischen Prozeß handelt. Entspricht diese Eintreibung demokratischer Schuld, diese Ausrichtung nach einem mühe- und intensitätslosen Freiheitsmodell und dieser Zerfall eines anders gearteten Blocks nun einem Zuwachs an Energie und Komplexität oder wird im Gegenteil potentielle Energie verpulvert und Energie in Wärme abgebaut? Gewiß, dadurch erwärmt sich die Welt, aber erreicht sie damit nicht ein viel fortgeschritteneres Stadium von Oberflächenenergien, nämlich das der Kommunikation, des reinen Wärmeaustausches, also der niedrigsten Form von Energie? Heute gilt die Regel, daß alles wieder in die weltweite Zirkulation eintreten muß. Jedes Ereignis, das ins Spiel der Befreiung zurückkehrt, ist nur die Ausdehnung eines physikalischen Zirkulations- und Kommunikationsmodells, eines herrschenden Konsens-modells und der Tauschregulierung, und von daher äußerst langweilig (die Form kann dagegen originell sein und außergewöhnliche Folgen haben – so war der Mai 68 politisch gesehen eine armselige Episode, aber als Ereignis war er großartig).

Überdies, wofür werden sich die befreiten Länder des Ostens öffnen? Für die liberale Auslegung der Menschenrechte und die Marktwirtschaft. Doch die liberale Wirtschaftsordnung, die heute triumphiert, ist keineswegs mehr die ursprüngliche, geschichtliche und moderne Version der Marktwirtschaft. Wir befinden uns in einer bereinigten Fassung, bereinigt von all ihren Widersprüchen, von der konfliktträchtigen Infrastruktur des historischen (sozusagen heroischen) Kapitalismus. Eine Marktwirtschaft, die von keiner gesellschaftlichen Kraft bekämpft wird, die von keiner Konkurrenz belebt wird, die kein kollektives Projekt in die Zukunft treibt – kurz, eine Wirtschaftsordnung, die nicht mehr politisch, sondern transpolitisch ist, und in ihrer Inkohärenz vielleicht sogar transökonomisch, eine Ökonomie der Spekulation und des jederzeit möglichen Börsenkrachs. Produktion, Markt, Ideologie, Profit, Utopie (der Profit ist selber eine Utopie), all das war modern, die kapitalistische Konkurrenzwirtschaft war modern – die unsere, irreal und spekulativ, die nicht einmal die Idee von Produktion, Profit und Fortschritt hat, ist nicht mehr modern, sondern postmodern. Und wenn nun die östlichen Länder darauf verfallen, dann treten sie in die Ära der Postmoderne ein und keineswegs in die der Moderne.

Das Gleiche gilt für die »liberale Ökonomie« der Menschenrechte. Ganze Völker stürzen auf ein »historisches« Ziel von Freiheit zu, das in der von ihnen erträumten Form nicht mehr existiert, auf eine Form von »demokratischer« Repräsentation, die auch schon seit langem unter dem Einfluß der Spekulation (der statistischen von Umfragen, der medienspezifischen der Information) dahinsiecht. Die demokratische Illusion ist universell und hängt mit dem Nullpunkt der zivilen Energie zusammen. Von der Freiheit bleibt nur die Reklame-Illusion, das heißt der Nullpunkt der Idee: sie steuert unser liberales Regime der Menschenrechte.

Wir alle träumen sicherlich in irgendeinem kollektiven Unbewußten von der Wiederauferstehung der Geschichte, aber man darf seine Träume nicht mit der Wirklichkeit verwechseln. Dieser konfuse Zustand von Tauwetter, Rehabilitierung, Erlösung durch den Liberalismus und kometenhaftem Aufstieg der Menschenrechte ist ein Neuaufguß der Geschichte und hat nichts mit revolutionärer Gärung zu tun. Ekstase und Seligsprechung dürfen nicht verwechselt werden. Wir befinden uns gegenwärtig mitten in einer Phase der Seligsprechung und des religiösen Konsenses über die erworbenen (oder schon wieder verlorenen) Werte. Daher, nebenbei gesagt, die erstaunliche Medienpräsenz der Gestalt des Papstes, der die ganze Welt bereist (sogar die islamische Sahel-Zone) und dabei allen Formen der Rassenmischung und der Bußfertigkeit seinen Segen erteilt, wobei er sich der dauerhaften Formen freiwilliger Knechtschaft versichert. Die institutionelle Religion erweitert ihr Imperium, so wie die spekulative Wirtschaftsordnung das ihre mit Hilfe der Börse und durch Kapitalverschiebungen erweitert. Die neuen Religionsformen und die neuen Spekulationsformen sind eine deutliche Illustration für das, was Hegel »das in sich bewegliche Leben dessen, was tot ist«, nennt.

Noch etwas anderes legt die Vermutung nahe, daß es sich im Osten nicht um ein wirkliches Aufflammen der Geschichte handelt: die seltsame Leichtigkeit, mit der all diese kommunistischen Mächte zusammengebrochen sind. Sie sind nicht besiegt worden. Es genügte, daß man sie anstieß, damit sie selbst merkten, daß sie nicht mehr existierten. So wie in manchen Trickfilmen, in denen der Seiltänzer, der über dem Abgrund balanciert, plötzlich merkt, daß gar kein Seil da ist, und plötzlich abstürzt, so daß er bruchlos vom Imaginären ins Reale übergeht (das ist der Grundmechanismus von *cartoons*). All das erinnert an den magischen Zusammenbruch des Sinns im Witz. Im Witz ist es so, als ob es die lineare Struktur der Sprache niemals gegeben hätte und sie plötzlich von selbst mit unverständlicher Evidenz zusammenbricht. Dabei handelt es sich weder um eine »Befreiung« der Sprache, noch um ein Auseinanderbrechen unter dem Einfluß unbewußter Inhalte, sondern um eine zufällige Extremform, bei der sich die Sprache, jenseits ihrer bewußten Praktizierung, in ihrem eigenen Rausch verfangen zu wollen scheint. Freud hat auf die seltsame Anziehungskraft [*strange attractors*] hingewiesen, die von der Verdichtung, der Verschiebung, der Auslassung und der Umkehrbarkeit ausgeht. Das sind Formen und keine Werte. Und die jüngsten Ereignisse müssen auf eine Theorie der Formen bezogen werden, und nicht so sehr auf irgendeine Theorie von Kräfteverhältnissen. Die kommunistischen Systeme sind nicht von einem äußeren oder inneren Feind überwunden worden (sonst hätten sie Widerstand geleistet), sondern von ihrer eigenen Trägheit. Sie haben gewissermaßen die Gelegenheit genutzt, um zu verschwinden (hatten sie von sich selbst die Nase voll?). Ganze Systeme haben ihre Abwehrkraft verloren und sind von selbst zusammengebrochen – wie Gebäude, die klugerweise von Anfang an mit Sprengsätzen versehen werden. Sie sind in ihre eigene Leere gestürzt. Gerade diese Form von Verkettung, von Kettenreaktion, der Supraleitfähigkeit des Ereignisses ist wunderbar, so wie die des Witzes, wie alles, was den rationalen Gesetzen der Kommunikation entgeht. Was im Osten geschehen ist, geschah nicht durch Ideologien und geschichtliche Gewalt. Es ist beinahe so etwas wie ein Virus, und somit in seiner Form geheimnisvoll – in etwa so wie alles, was heute durch Modelle und Bilder über uns hereinbricht. Allein diese Form ist beeindruckend und kann wie ein seltsamer Attraktor wirken – vor allem auf den Westen.

Das Schauspiel dieser Mächte, die so einfach in sich zusammenbrechen, müßte eigentlich auch die westlichen Mächte zum Zittern bringen, beziehungsweise das, was von ihnen übrig geblieben ist, denn in ihnen ist auch kaum noch Leben. Wir haben 1968 die Episode einer Macht erlebt, die fast ohne Gewaltanwendung zusammengebrochen ist, als ob sie durch den schlichten Spiegel der Massen und der Straße von ihrer eigenen Inexistenz überzeugt worden wäre. Im übrigen sind es ganz und gar die gleichen Bilder wie 68, mit dem gleichen Ambiente und den gleichen Gesichtern, die uns aus Prag und Berlin übermittelt worden sind. Die Inexistenz der Macht ist im Westen wegen ihrer starken Verwässerung und der Transparenz, die ihr Überleben sichert, zweifellos weniger sichtbar. Im Osten war sie undurchsichtig und hochkonzentriert, so daß, wie bei einem instabilen Kristall, ein Tropfen mehr genügte, um sie aufzulösen.

Es ist somit möglich, daß die Länder des Ostens uns dieses Modell des virusbedingten Verfalls und der selbstzerstörerischen Ansteckungsfähigkeit von Mächten andrehen. Im Austausch dafür geben wir ihnen unseren Virus des Liberalismus, unseren Objekt- und Bilderzwang, unseren Medien- und Kommunikationszwang, also einen Virus, der die bürgerliche Gesellschaft zerstört. Virus gegen Virus. Bei all dem handelte es sich im Grunde um die letzte Phase des Kalten Krieges, um eine Art von wechselseitiger Ansteckung zwischen den beiden Blöcken, die früher durch die Mauer voreinander geschützt waren. Hinter dem scheinbaren Sieg des Westens verbirgt sich, daß die strategische Initiative eigentlich vom Osten ausgegangen ist, diesmal allerdings nicht mehr in Form von Aggression, sondern durch Selbstauflösung, quasi durch einen offensiven Selbstmord, der den Westen völlig unvorbereitet getroffen hat. In der ewig gleichen und völlig festgefahrenen Abschreckungssituation der beiden Blöcke konnte nur die Partei einen Vorteil erringen, die auf die eine oder andere Weise entwaffnet wurde. Unter dem Druck der Umstände, der vielleicht dem Wissen um seine eigene Schwäche entsprach, ist es Gorbatschow gelungen, diese strategische Wende zur Abrüstung und zur tatsächlichen Auflösung seines eigenen Block zu vollziehen und damit die gesamte Grundordnung der Welt zu erschüttern. Das ist gewissermaßen der Witz beim Absterben des Kommunismus. Denn die quasi gewollte und in Komplizenschaft mit den Völkern herbeigeführte Destabilisierung des Ostblocks bedeutet auch eine

Destabilisierung des Westens. Hüten wir uns vor der naiven Betrachtung einer erstarrten Geschichte, die plötzlich erwacht und ganz automatisch, wie eine Schildkröte, den Weg zum Meer (zur Demokratie) einschlägt. All das ist viel komplizierter.

Nachdem die Hypothek der Mauer abgelöst ist, wird deutlich, daß sie vielleicht viel mehr den Westen als den Osten geschützt hat. Wenn die triumphale Illusion einer Annexion des Ostens durch den Westen (natürlich zur Vermehrung des Ruhmes der Demokratie) verblaßt, beginnt man zu ahnen, daß es sich durchaus um das Gegenteil handeln könnte – der Osten verschlingt den Westen durch die Erpressung mit den Menschenrechten und dem Elend.

Die Waffe des Ostens ist nicht mehr die H-Bombe, sondern Tschernobyl, der Unfall, der durch einen Unfall freigesetzte Virus, der Virus seiner eigenen Auflösung. Die radioaktive Wolke von Tschernobyl hat – indem sie die Grenzen viel leichter überquerte als Panzerdivisionen – den Fall der Mauer und die fortschreitende Verseuchung der westlichen Welt vorweggenommen. Bush mag wohl abrüsten und sich dabei den Anschein geben, den Kalten Krieg gewonnen zu haben, aber die UdSSR und Gorbatschow haben die Bombe der wirtschaftlichen Depression erfunden, die eine todsichere Wirkung hat, nämlich die, daß sie aus ihrer eigenen Depression eine Bombe macht.

Daß der Ostblock bereitwillig seine eigenen ideologischen und bürokratischen Grundlagen zerstört hat, ist mehr als eine Wende oder List der Geschichte, es ist ein Witz, eine Art ironische Umkehrung, die die Geschichte zwingt, sich selbst gegen den Strich zu lesen. Vielleicht konnte eine solche unbeabsichtigte Herausforderung nur aus den Tiefen eines Imperiums kommen, in dem seit einem halben Jahrhundert nicht der kleinste Anschein von Ironie aufgekommen ist (es sei denn, als Untergangsstimmung). Im Deutschen würde man diesen überschäumenden Humor, diesen geschichtlichen Freudenausbruch über die Umkehrung der Dinge als *Übermut* bezeichnen. Die wirkliche Freiheit ist bestimmt nicht die der Menschenrechte, sondern die Freiheit, die aus dieser ironischen Wendung der Geschichte hervorgeht (das Zeitgeschehen ist voller Ironie, sogar im Westen: wenn Noriega Präsident Bush lächerlich macht und sich in die Vertretung des Vatikans flüchtet, so entbehrt das nicht eines gewissen Humors).

Was nun aber bei dieser Transfusion von Gutem und Bösen neben der Einebnung von Freiheiten und der Begradigung demokratischer Fassaden herauskommt, bleibt jedenfalls ein Geheimnis.

Denn das Böse ist nicht einfach das Verdrängte. Wenn es nur das wäre, brauchte man es sich nur abreagieren lassen, sich »befreien« lassen, wie man es überall tut (vor allem im Osten, wo die Barriere des Bösen gefallen ist). Aber es wird sehr schnell deutlich, daß das Böse etwas anderes ist, daß es jede Befreiung durchzieht und daß man durch die Niederwerfung des Reichs des Bösen gleichzeitig die tief verwurzelte Form des Unheilvollen befreit. Das Böse profitiert von der Transparenz (Glasnost) und wird zur Transparenz der Dinge selber.

Das Böse war in den östlichen Gebieten deutlich sichtbar und kompakt. Wir haben es exorziert, befreit und verflüssigt. Aber hat es deswegen aufgehört, das Böse zu sein? Keineswegs: es ist flüssig, liquide geworden, wie ein Virus in die Zwischenräume eingedrungen – das ist die Transparenz des Bösen. Es ist nicht in dem Sinne transparent, daß es quer liegen würde, sondern es scheint durch alle Dinge hindurch, wenn sie ihr Bild, ihren Spiegel, ihren Widerschein und ihren Schatten verlieren, wenn sie weder Substanz, noch Distanz oder Widerstand mehr haben, wenn sie durch eine übertriebene Verflüssigung und Leuchtkraft zugleich immanent und ungreifbar werden. Als das Böse noch undurchsichtig, obszön, hinterhältig und verborgen war, gab es noch eine Transzendenz des Bösen und man konnte es sich vom Hals halten. Heute wird es immanent und dringt in alle Zwischenräume ein (gerade im Westen nimmt es die Gestalt des Terrorismus als überall eindringender Virus an; dabei handelt es sich zwar um einen Terrorismus der Politik, aber in ihm sind alle biologischen, sexuellen, elektronischen und durch die Medien erzeugten Ansteckungsgefahren enthalten). Mit den Ereignissen im Osten bekommt dieses Thema eine deutliche Illustration, und das Böse tritt in eine Phase ein, in der es sich endgültig überall hin ausbreitet und in alles eindringt. Der zusammengebrochene und aus dem Tritt gekommene Kommunismus wird in metabolischer und heimtückischer Weise in die Venen des Westen eindringen und ihn seinerseits aus dem Tritt bringen. Dabei handelt es sich nicht mehr um die Gewalt der Idee, sondern um den Virus der Immunschwächung. Ein Kommunismus, der sich auflöst, ist ein Kommunismus der erfolgreich war.

Eine der Folgen dieser Ost-West-Transfusion ist die Ausschaltung von Überläufern, die als Nabelschnur zwischen den beiden Blöcken dienten, die auf der einen Seite verabscheut und auf der anderen gefeiert wurden, aber dabei Komplizen beider Seiten waren. Mit Hilfe der Dissidenten als politische Avantgarde der östlichen Länder und als Rettungsanker der intellektuellen Avantgarde des Westens haben Ost und West über Jahre hinweg neben dem Rüstungswettlauf so etwas wie einen Dialog unter Gehörlosen geführt. Einige Dissidenten haben sich über die Zwiespältigkeit dieser Situation Gedanken gemacht. Zum Beispiel Sacharow. Aber Sacharow ist tot. Er ist bezeichnenderweise gestorben, als die siegreiche Dissidenz keinen Sinn mehr hatte. Die Dissidenten können das Tauwetter nicht ertragen. Sie müssen sterben oder aber Präsident werden (Walesa, Havel), sozusagen als bittere Rache, die auf jeden Fall ihren Tod als Dissident besiegelt. Im Stummfilm der Politik haben sie gelebt, vom Tonfilm werden sie um die Ecke gebracht. Sie, die ihre Kraft aus dem Schweigen (oder der Zensur) bezogen, sind nun dazu verdammt zu sprechen und vom Wort verschlungen zu werden. Wenn die Gesellschaften im Osten ihre Dissidenten zurückholen und in sich aufnehmen, so wie die westliche Gesellschaft ihre Avantgarden zurückholt und in sich aufnimmt, dann wird das Ende der Moderne eingeläutet. Im Osten wie im Westen ist damit das Ende der Idee gekommen. Der organische Konsens kennzeichnet die Heraufkunft von konfliktfreien und versöhnten postmodernen Gesellschaften. Der Fall der Mauer ist der sichtbare Fall eines unsichtbaren Ereignisses, das all diese Gesellschaften seit mindestens zwanzig Jahren beschäftigt: das Zusammenbrechen der Teilung und der inneren Spaltung, das Ende der Konfliktsituation, die mit den Umwälzungen und Revolutionen der modernen Ära entstanden war.

Die westlichen Intellektuellen, die diesen Bruch, diese innere Spaltung von Gesellschaften und Bewußtseinen verkörperten, sind selber dazu verdammt zu verschwinden wie die Schauspieler des Stummfilms.

Und die Unterstützer der Dissidenten im Westen, die schönen solidarischen Seelen, was wird aus ihrer Solidarität? Auch sie sind verdammt. Sie haben für andere gesprochen, werden sie nun den Mut haben, zu schweigen? Nein, sie eilen zu den Tatorten, zur Mauer nach Berlin, denn dort, am Schauplatz des Verbrechens und der Opfer, dort, wo die Mauer fällt, liegt das Ende ihrer Karriere. Es gibt keinen Anderen mehr, den man verabscheuen könnte (die Kommunisten), es gibt keinen Anderen mehr, den man bewundern könnte (die Dissidenten).

Was ist mit Sinowjew? Mit seiner Linie des Zynismus, mit dem nihilistischen und paradoxen Frohlocken (Cioran: die Geschichte stirbt ab, weil sie kein Paradox mehr hat)? Das Paradox des Kommunismus besteht laut Sinowjew darin, daß er zugleich eine zurückgebliebene Lösung, ein Ende der Geschichte, ein Reich des Bösen *und* die endgültige Lösung ist, weil er im Gegensatz zum Westen die Erfahrung des Schlimmsten gemacht und daraus die Konsequenzen gezogen hat. Er ist also eine Lösung nach der Katastrophe (welche auch immer, der Dritte Weltkrieg oder sonstwas), die Endlösung für das Überleben der Gattung, und somit ein unvermeidliches und endgültiges Modell, das allerdings auf wirtschaftlicher und geschichtlicher Ebene völlig überholt ist – dieses Paradox wird mit der Wiedervereinigung der beiden Welten zu einem brennenden Problem werden. Denn das menschliche und ideologische Versagen des Kommunismus mindert keineswegs seine Kraft und Virulenz als anthropologisches Modell. Er ist so etwas wie ein gigantischer Köder für das Soziale und das Politische, dem auch und gerade dann, wenn er sich zerstört, eine Art Strategie des Schlimmsten gelingt, die sich allen als letztes Bollwerk der Immunität aufdrängt, als *Übernahme der Belange des Menschen gegenüber sich selbst* in weltweitem Maßstab. Auf der anderen Seite gibt es nur die Transparenz einer Demokratie, die nicht in der Lage ist, die Ausstrahlung des Bösen einzudämmen.

Es gibt übrigens ein Paradox der westlichen Gesellschaften, das dem des Kommunismus entgegengesetzt ist und ihm entspricht: denn während sie alle Zeichen von höher entwickelten und offeneren Gesellschaften aufweisen, schielen sie gleichzeitig auf die Vergangenheit als ein Vakuum, das sie hinter sich geschaffen haben, indem sie die Zukunft absorbierten. Wie in der Geschichte vom Lastwagen und dem Loch: die Arbeiter graben ein Loch, dann laden sie es auf einen Lastwagen, aber bei einer Unebenheit auf der Straße fällt das Loch herunter, und als der Lastwagen zurücksetzt, fällt er in das Loch. Dieser Lastwagen und dieses Loch sind wir: wir sind mit einem Erinnerungsloch beladen, beladen mit dem retrospektiven Vakuum unserer Geschichte, so daß unsere Gesellschaften nicht einmal mehr wissen, ob sie sich in Richtung Zukunft bewegen. Sie surfen auf ihrem gegenwärtigen und problematischen Reichtum. Hinter ihrer scheinbaren Mobilität und Beschleunigung sind sie innerlich und in ihren Zielsetzungen unbeweglich geworden, und deshalb geben sie immer mehr Gas, wenngleich auch nur aus Trägheit.

Die Begegnung zwischen diesem Typus von Gesellschaften mit maximaler Mobilität, die allerdings in ihrem Inneren unbeweglich sind, und den Gesellschaften des Ostens, die nach außen hin versteinert, aber in ihrem Innersten keineswegs unbeweglich sind, müßte sehr dramatisch oder völlig zweigleisig ablaufen. Die Transfusion von Gutem und Bösem birgt ebenso viele Gefahren, wie gegenwärtig die Bluttransfusion. Wir laufen Gefahr, ihnen all unsere Keime zu übertragen, sie laufen Gefahr, uns all die ihrigen zu übertragen (so verlaufen die Kontakte zwischen ungleichen Kulturen oder Rassen). In einer ersten Phase müssen siebzig Jahre »Rückstand« aufgeholt werden – aber sind wir wirklich sicher, daß das in diesem Sinne geschehen wird? Statt daß die Länder im Osten in Richtung der modernen Demokratien beschleunigen, werden wir vielleicht in die andere Richtung umgelenkt, hinter die Demokratie zurück, und ins Loch der Vergangenheit fallen. Das wäre das Gegenteil von Orwells Prophezeiung (seltsamer-weise war in letzter Zeit nicht mehr davon die Rede, obwohl der Zusammenbruch von Big Brother doch ein Anlaß für eine Erinnerungsfeier gewesen wäre, und sei es auch nur wegen des ironischen Umstands, daß das Datum, das Orwell für den Beginn des Totalitarismus festgesetzt hatte, fast genau zum Datum seines Zusammenbruchs geworden ist). Noch viel ironischer wirkt die Tatsache, daß uns keineswegs die totalitäre (stalinistische) Neuschreibung der Vergangenheit droht, sondern eine demokratische Neuschreibung der Geschichte: sogar die Abbilder von Stalin und Lenin werden beseitigt, Straßen und Städte werden umbenannt, Statuen gesprengt, bald wird nichts mehr von all dem da sein. Eine weitere List der Geschichte – zwar niemals die letzte, aber immer die beste.

Demokratisches Rewriting: der Entwurf liegt bereits vor. Überall wird aufgeräumt. Man liquidiert, alle Diktaturen sollen verramscht werden, wenn möglich noch vor dem Ende des Jahrhunderts (vor Weihnachten in Osteuropa, damit alles wieder im Glanz der Neugeburt Christi erstrahlen kann). Eine wunderliche Betriebsamkeit, die ebenso verblüffend ist, wie die Toleranz, die bis jetzt alles beherrscht hat. Bei der Liquidation sind sich alle einig! Die toten Punkte des Planeten beseitigen, so wie man Stauzonen im Straßennetz beseitigt und Pickel im Gesicht ausquetscht: eine Schönheitsoperation, die in den Rang des Politischen und einer internationalen olympischen Leistungsschau erhoben wird.

Nun kann man nicht einmal für einen kleinen Moment an diese große Demokratie-Rallye glauben. Nicht deshalb, weil es sich um eine machiavellistische Strategie handelt, sondern weil alles viel zu schön ist, um wahr zu sein. Dieser plötzliche Konsens ist verdächtig. Das wundersame Verschwinden jeden Widerspruchs (China hat einen vorübergehenden Rückfall erlitten, und was vom Weltkommunismus übrig geblieben ist, ist nur noch ein Vergnügungspark – mit ein wenig Phantasie könnte Kuba an Disneyworld angeschlossen werden, was im Rahmen eines weltweiten Ökomuseums nicht mehr fern ist), dieses Verschwinden ist mehr als suspekt. Irgend etwas sagt uns, daß es sich hier nicht um eine geschichtliche Evolution handelt, sondern um eine *Epidemie* des Konsenses, eine Epidemie demokratischer

Werte, das heißt, um einen virenartigen Effekt, der nicht aufzuhalten ist. Wenn die demokratischen Werte sich durch Kapillarität oder nach dem System der kommunizierenden Röhren so leicht ausbreiten können, dann liegt das daran, daß sie sich verflüssigt haben, daß sie nichts mehr wert sind. Während der ganzen Moderne waren sie lieb und teuer, wurden sie teuer bezahlt. Heute werden sie ausverkauft, wir erleben eine Verschleuderung demokratischer Werte, die an sich stark überschlagende Spekulationen erinnert. Die Wahrscheinlichkeit eines Zusammenbruchs dieser Werte wird, so wie bei Finanzspekulationen, immer größer.

Es ist klar, daß die letzte Abschreckung aus dem Osten gekommen ist – nicht mehr die des Gleichgewichts des Schreckens, die bewirkt hat, daß es vierzig Jahre lang nicht zum Atomkrieg kam, sondern die des Ungleichgewichts des Schreckens, die bewirkt, daß die Konfrontation selbst nicht mehr stattfindet. Abschreckung durch Selbstauflösung, Zerrüttung, Deeskalation, einseitige Abrüstung, eine hausgemachte Destabilisierung, die den Gegner völlig destabilisiert, eine Strategie der Schwäche, die selbst für ihre Protagonisten unerwartet und unvorhersehbar ist, aber trotzdem um so wirkungsvoller – eine Strategie des Verschwindens, der Verstreuung, der Auflösung, der Ansteckung und der Virulenz durch Fragmentierung. Denn nicht nur die Waffen, die Rohstoffe und die Gehirne der ehemaligen UdSSR werden über die ganze Welt verstreut, sondern auch das Modell des Zerfalls wird auf sie ausstrahlen, und das ist wirksamer als tausend Atombomben. Der integrierte und totalitäre Kommunismus konnte luftdicht verpackt und neutralisiert werden. Der desintegrierte Kommunismus wird zum Virus, er kann seine eigene Mauer durchbrechen und die ganze Welt infizieren, und zwar nicht durch die Ideologie oder durch sein Funktionsmodell, sondern durch sein Modell des Nicht-Funktionierens und der brutalen Destrukturierung. Nun gut, aber ist das noch Kommunismus? Jedenfalls strahlt er auf die ganze Welt aus, was ihm zuvor weder durch Waffen noch durch Gedanken jemals gelungen ist. Durch das Ereignis seines Verschwindens strahlt er über die ganze Welt aus. In diesem Sinne könnte man sagen, daß er siegreich ist, da der vollkommene Kommunismus, der als Utopie verwirklichte Kommunismus eben das ist, was verschwunden ist. In diesem Sinne sind vielleicht auch die Folgen seiner Selbstauflösung noch unberechenbarer als die seines Auftauchens zu Beginn des Jahrhunderts. Nicht wegen der Ideologie, sondern durch die Selbstverbrennung seiner eigenen Prinzipien, durch seine bedingungslose Kapitulation. Durch die Idee hatte er einen monolithischen und totalitären Weg geöffnet, durch das praktische Handeln im entgegengesetzten Sinne öffnet er für alle Strukturen und Imperien den Weg des Zerfalls. Dem Kapital hat der Osten siegreich die Kapitulation entgegengesetzt.

Tschernobyl war der eigentliche Ausgangspunkt für diese ungewollte, aber geniale strategische Kehrtwendung, die sogar den Begriff der Kräfteverhältnisse aus dem Gleichgewicht bringt, um daraus eine Strategie der Schwächeverhältnisse zu machen und die Spielregeln völlig auf den Kopf zu stellen. Bis dahin wurden die Dinge eingefroren, kein militärisches und offensives *acting out* war möglich, alles gipfelte im Krieg der Sterne, einem unmöglichen Szenario, die Weltraumbomben waren virtuell und explodierten nicht. Die einzige richtige Bombe explodierte oder vielmehr implodierte an Ort und Stelle durch Unterkühlung: nämlich Tschernobyl, und das war ein *acting out* durch einen Unfall. Durch diese Bombe ist der Osten selber in die Luft geflogen. Und diese Bombe hat durch die radioaktive Wolke, ohne auf Widerstand zu stoßen, die Mauer und die Grenzen überquert und damit eine Verschmelzung der beiden Welten durch eine radioaktive Infiltration in Gang gesetzt. Die Initialzündung zur Explosion der Neuen Weltordnung ist allerdings aus dem Osten gekommen, die Verseuchung verlief von Ost nach West. Seit Tschernobyl existierte die Berliner Mauer nicht mehr. Zwar nur symbolisch, aber trotzdem ist eigentlich die Kernfusion die Ursache für die politische, transpolitische Verschmelzung der Blöcke. Durch den selbstmörderischen Unfall in Tschernobyl gesteht die ehemalige UdSSR ihre Ohnmacht und ihr Scheitern ein, und gibt sie zugleich das ganze Paket an den Westen weiter, mit der Auflage, den Bankrott zu verwalten, ein ganzes Bankrott-Universum, zunächst das des Kommunismus, aber bald auch subtilerweise das des Kapitals selber. Bis dahin hatte der Kommunismus nach dem schwächsten Glied in der kapitalistischen Kette gesucht. Plötzlich entdeckt er, daß er selber das schwächste Glied ist. Und indem er sich selbst zerstört, indem er fast zufällig zusammenbricht, treibt er die andere Welt in den Untergang, zwingt er sie, ihre feindselige Haltung aufzugeben, verseucht er die Verteidigungsanlagen der anderen Seite: er exportiert seinen eigenen wirtschaftlichen und politischen Selbstmord. Die Zwangshölle des

Kommunismus ist befreit worden. Dadurch ist die Barriere zwischen Hölle und Paradies fließend geworden. Und dieses Mal ist die Verflüssigung allgemein: es ist immer die Hölle, die das Paradies überflutet.

Solschenizyn (gegen Sacharow und seine Idee, die beiden feindlichen Blöcke konvergieren zu lassen, um ihre jeweiligen positiven Eigenschaften zu vereinen): »Was wird aus zwei Gesellschaften, die mit nicht mehr rückgängig zu machenden Lastern geschlagen sind, wenn sie sich annähern und sich beide durch den gegenseitigen Kontakt verändern? Eine doppelt so unmoralische Gesellschaft.« Der Traum der Pluralität sieht vor, daß die Unterschiede wie positive Eigenschaften ausgetauscht werden. Beim Austausch von Unterschieden im Dialog triumphieren dagegen immer der Tausch und die Addition von negativen Eigenschaften. Fusion führt Immer zu Konfusion, Kontakt führt immer zu Kontamination. Heute sind dafür ein Beispiel Aids und die fatalen Folgen, die jede sexuelle Annäherung belasten – aber das Gleiche gilt für Computer: eine maximale Verbindung hat eine maximale Anfälligkeit aller Netze zur Folge (gegenwärtig neigt man wieder zu Stand-alone-Lösungen, da es den Anschein hat, daß Viren in den Netzen noch schneller übertragen werden als Informationen). Die genetische Verschmelzung geht in die gleiche Richtung. Eine der Grundformen des Bösen besteht darin, daß es sich immer viel schneller ausbreitet als das Gute.

Solschenizyn ist also gegenüber Sacharow im Recht, wenn er sich gegen diese unmoralische Konfusion ausspricht. Aber wir haben nichts gegen Laster und Unmoral. Wenn sie sich durch die Vermischung beider

Welten verstärken, so ist das insgesamt gesehen vielleicht besser als die nüchterne und puritanische Ordnung der Abschreckung und des Gleichgewichts des Schreckens. Eine völlig verdorbene Weltgesellschaft, ein einziges Imperium, nämlich das der Vermischung, eine Neue Welt-Unordnung, die die eindringenden Viren des Kommunismus mit dem diskreten Charme der Menschenrechte und der Natur verbinden würde?

Es könnte so scheinen, als ob die Bewegung des Reichtums und Überflusses, die von West nach Ost überschwappt, einen Sieg des Westens bedeuten würde. Aber was vom Westen auf den Osten übergeht, ist vor allem die Illusion des Sieges. Was in die andere Richtung fließt, ist subtiler und mörderischer: der Virus der Schwäche, die vielfältigen Formen der Gleichgültigkeit und das Ende jeder demokratischen Illusion. Kurz, die Würfel sind noch nicht gefallen, und niemand kann sagen, wer gewinnen wird, wer als erster den anderen aus dem Gleichgewicht bringt, die reichen und leistungsstarken Länder oder die Länder, die vom Marxismus in Willenlosigkeit und Korruption getrieben worden sind? Die Schlamperei oder die Effizienz? Fatale Apathie oder Leistung? Erobert die Hölle das Paradies oder umgekehrt? Heute stehen sich die beiden Welten nicht mit Waffen oder Ideen gegenüber, sondern, mental, in der künstlichen Promiskuität der Neuen Weltordnung. Hier beginnt die Transparenz des Bösen. Wenn erst einmal alle Voraussetzungen für eine Ordnung vereinigt sind, wird sich hier zeigen, wie unwiderstehlich die Unordnung ist – wenn alle Voraussetzungen für das Gute vereinigt sind, wird sich zeigen, wie unwiderstehlich das

Böse ist, daß es im selben Blutkreislauf zirkuliert wie das Gute und daß es sich von ihm in aller Unschuld und Perversität nährt. Drakula gegen Schneewitchen (der Drakulamythos nimmt überall in dem Maße zu, wie die faustischen und prometheischen Mythen schwinden). Man ahnt allerdings, wer das Blut des anderen aussaugen wird, wenn die Glassärge erst einmal aufgebrochen worden sind.

In Deutschland stoßen beide Welten aufeinander, wobei Berlin das Epizentrum ist, denn hier tritt durch die Wiedervereinigung paradoxerweise der Antagonismus zu Tage. Nicht durch die Konfrontation, sondern durch die Annäherung der beiden Welten kommt es zu Gewalt und zum Zusammenprall unterschiedlicher Mentalitäten. Und das geschichtliche Scheitern der einen Seite gegenüber dem überwältigenden Erfolg der anderen kann zur Herausforderung werden; gerade diejenigen, die nach diesem Reichtum geschielt haben, als er noch verboten war, können dazu neigen, das westliche Modell grundsätzlich in Frage zu stellen, weil sie sich nicht selbst verleugnen wollen. Die Leute im Osten haben sich während ihrer Elendszeit sicherlich eine Meinung über die Geschichte und ihre perversen Auswirkungen gebildet. Sie haben erlebt, wie von den beiden Welten des Kapitals und der Arbeit entgegen jeder theoretischen Voraussicht die der Arbeit zusammengebrochen ist. Logischerweise müssen sie daraus eine Lehre der Nicht-Arbeit und der kollektiven Unverantwortlichkeit gezogen haben. Es wird jedenfalls bestimmt nicht leicht sein, sie erneut zum liberalen Leistungskult zu bekehren.

So beginnt die Umkehrung der westlichen Werte. Nicht nur durch die Unterwanderung der Metropolen durch eine

Vierte Welt, die im Gegensatz zur Dritten Welt kein anderes Territorium außer dem mehr hat, das sie von innen aus dem Gleichgewicht bringt, sondern auch durch die Osmose einer sich auflösenden östlichen Welt, welche aus dieser Auflösung wenn nicht eine Strategie, so zumindest eine Falle, einen Köder, eine Politik des Schlimmsten macht. Es ist bekannt, daß eine der charakteristischen Eigenschaften des Westens, die die Amerikaner im letzten Golfkrieg bis zur Perfektion entwickelt haben, darin besteht, auf Attrappen zu schießen.

Das Eintrichtern von westlichen Werten jenseits des Eisernen Vorhangs ist heute einem langsamen Einsickern gewichen, der heimtückischen Infiltration der Ohnmacht, der Schlamperei und des böswilligen Umgangs mit Technologie, Ökonomie und Demographie aus einer anderen Welt, die lange Zeit für veraltet, rückständig und unterentwickelt gehalten wurde und die sich heute in dem Maße als eigenständiger, gleichberechtigter und vielleicht überlegener Protagonist erweist, *wie ihr Potential an Ohnmacht unserem Potential an Macht überlegen ist*. Denn entgegen dem Anschein, daß alle Kulturen vom Westen durchdrungen und vom Universellen korrumpiert werden können, ist der Westen selbst offensichtlich durchdringbar. Die anderen Kulturen (darin eingeschlossen die des Ostens) bleiben hinter der Maske der Prostitution undurchdringlich, selbst wenn sie den Eindruck erwecken, daß sie sich verkaufen oder sich für die materiellen Dinge und Ideologien des Westens prostituieren. Man kann sie physisch oder moralisch beseitigen, aber man kann nicht in sie eindringen. Dieses befremdliche Phänomen ist damit verbunden, daß sie mit sich selbst im Einklang sind. Der Westen ist sich selber fremd, und man kann nach Belieben in ihn eindringen.

Die Logik dieser Herausforderung ist der Logik der ökonomischen und liberalen Neuen Weltordnung fremd. Aus der Sicht der Macht und des Reichtums gesehen, will man den Tod des anderen, um seinen Platz einzunehmen. Die widerspenstigen und inkompatiblen Kulturen fordern und wollen nicht den Platz, sondern den Tod des Westens, auch wenn sie dabei ihren eigenen Tod riskieren. Der immer naive Westen glaubt, daß man auf seine Macht und seinen Reichtum aus ist; und noch naiver glaubt er an die Kompatibilität aller Kulturen. Aber auch wenn die »Anderen« ihren Anteil vom Kuchen zu fordern scheinen, so ist das nur ein allegorischer Ausdruck dafür, daß sie seinen Tod wollen.

Der Westen entdeckt die ausgemergelten Länder des Ostens so, wie er früher die Überlebenden der Konzentrationslager entdeckt hat. Es ist gefährlich, sie zu schnell mit Lebensmitteln zu versorgen, da sie daran sterben können. Aber, ob nun gerettet oder nicht, sie leben in einem anderen Raum – sind völlig zu Boden geschmettert. Sie werden niemals unseren Raum reintegrieren. Gewiß, man tut alles, um diese Vergangenheit aus ihrer Erinnerung zu tilgen. Vergeblich. Denn wir werden im Gegenteil von ihrem leeren Raum aufgesogen, so wie die Toten und Überlebenden der Lager unsere letzten Anwandlungen von Kultur, Recht und Moral in den leeren Raum und in die ohnmächtige Erinnerung an die Vernichtung hineingezogen haben. Die Anziehungskraft des Leeren ist unwiderstehlich. Der »Sieg« des Westens ähnelt eher einem Druckabfall des

Westens im Vakuum des Kommunismus, im Vakuum der Geschichte.

Alles, was mit Tschernobyl als kalte, nahezu ungewollte Strategie begonnen hat, wird munter fortgesetzt. Zehn oder zwanzig sowjetische Atomzentralen stehen bereit für die nächste Kernspaltung oder -fusion; sie sind Zeitbomben, die nicht entschärft werden können und die den Schwebezustand eines Kalten Stellungskrieges der Unfälle verlängern, in dem keine Vergeltungsmaßnahmen möglich sind. Der Gegner hat vielmehr dafür gesorgt, daß ihr dafür verantwortlich seid, daß eine Katastrophe vermieden wird. Die ganze Strategie des ehemaligen Imperiums ist somit – auf Kosten des Elends, der Verstrahlung und des Bürgerkriegs – um das schwarze Loch organisiert, in das es selber gefallen ist und in das es nach und nach seine alten Gegner und die Geschichte selber hineinzieht. Diese Strategie versetzt die Geschichte in eine ungewisse Vergangenheit, in ein Fötalstadium, in dem die Phantome alter Konflikte, alter Nationalismen mit denen der nun unnütz gewordenen Atomwaffen zusammenprallen (welche gerade deshalb so großzügig in aller Welt vertrieben werden können).

Dazu kommt noch, daß die Sowjetarmee in alle vier Winde verstreut wird, da sie ebenso wie der Staat in Einzelteilen verkauft wird. So etwas hat es noch nie gegeben, der stärkste Staat und die größte Armee der Welt lösen sich einfach auf. Wir sind uns dieser großen Weltpremiere noch nicht genügend bewußt – hoffen, daß es sich nur um eine Generalprobe handelt. Was eigentlich Anlaß zu weltweitem Jubel hätte sein müssen, ist fast völlig gleichgültig geworden – ein Hinweis auf die

Nichtigkeit der Zeitläufte. Aber man muß begreifen, was dieser Zerfall der Roten Armee und dieser Ausverkauf der atomaren Macht bedeutet. Er bedeutet ihre Verstreuung über den ganzen Erdball. Die Waffen werden wie das Atom zu einem Virus und dringen in alle Zwischenräume ein, wenn sie ihren Gebrauchszusammenhang verloren haben.

Es ist übrigens eine Illusion zu meinen, daß der Zusammenbruch von großen Imperien zu einer Erneuerung der Geschichte führt, denn damit wird schlichtweg nur der Weg für die Metastasen des Imperiums geöffnet. Am wahrscheinlichsten ist es, daß wir es nicht mit einem Verschwinden zu tun haben, sondern mit einer Verstreuung des Imperiums in alle lokalen, regionalen und territorialen Mikro-Imperien. Hier handelt es sich um die gleiche Homologie vom Einzelnen und vom Ganzen wie im Hologramm: der Spiegel des Imperiums ist zerbrochen, aber jede Scherbe bewahrt das ganze Bild. Die großen zerfallenen Systeme (und diese Entwicklung ist noch nicht zuende, warten wir auf das Ende des amerikanischen Imperiums und der »historischen« Nationen) finden andere Mittel und Wege, um weiterzubestehen, und zwar nicht wie früher durch eine dynastische Erbfolge, sondern gewissermaßen durch eine fraktale Vervielfachung, eine Fortpflanzung durch Teilung: Mikro-Imperium, Mikro-Diktaturen, Mikro-Autarkien, die in sich alle Stigmatisierungen und Laster des Imperiums tragen. Eine Weiterführung der gleichen Knechtschaft, die dieses Mal allerdings auf der Ebene der Identität (von Individuen, Gruppen, Ethnien oder gar Unternehmen) abläuft. Das Ende von Imperien bedeutet die unbegrenzte Herrschaft von unterjochten Mikro-Systemen. Selbst das Ende des nuklearen Imperiums geht in die selbe Richtung: die Ausbreitung der Atomwaffe führt zu einer Unterwerfung der anderen Nationen unter dasselbe Dispositiv der Abschreckung und unter dasselbe Gleichgewicht des Konsenses.

Und wo bleibt bei all dem die Politik? Die Politik ist mit den großen Imperien gestorben. Ihr Fortbestand in anderen zersplitterten, verstrahlten, dezentrierten und peripheren Formen, dieses Zweitleben der großen Imperien durch, wenn man so sagen kann, eine rückläufige Virenausbreitung, die genetisch all ihre Abfälle, Nebenprodukte und Grundzellen infiziert – all das beruht nicht mehr auf Politik, sondern auf Transpolitik. Eine kraftlose, dezentrierte Transpolitik mit hoher Auflösung, bei der die ideologischen Optionen gleichgültig sind und die geschichtliche Gewalt minimal ist (bei den meisten Konflikten geht es nur noch um eine homöopathische, polizeiliche und systemimmanente Gewalt).

Die Politik ist im wesentlichen mit den geschichtlichen Leidenschaften gestorben, die mit den großen Ideen und den großen Imperien verbunden waren. Die Transpolitik hat nur eine Leidenschaft: Trauerarbeit und Wiederverwertung (die Intellektuellen haben die gleiche Wende vollzogen: Trauerarbeit am Schwinden der Moral und des Weltgewissens). Es gibt nur noch eine einzige unerschöpfliche Energie: die zur Resteverwertung. Die neue Arbeitskraft, die am Ende dieses Jahrhunderts aufgetaucht ist, ist die Kraft der Trauerarbeit. Man recyclet die Energie des Kadavers, so wie Romain Gary die spirituelle Energie toter Seelen in materielle Energie recyclet hat (»Charge d'âme« – Die Seelsorge) und so wie Jarry Tote radfahren ließ, die niemals ermüden, da sie beim Radeln keine Energiezufuhr benötigen. Da die Trauerarbeit scheitert, ist sie unendlich – sie verliert sich in der Melancholie homöopathischer und homöostatischer Systeme, in denen sogar eine Anerkennung dieses Todes, eine Vorahnung dieses Todes (der Politik) unmöglich ist, da sie erneut einen fatalen Virus in die virtuelle Unsterblichkeit des Transpolitischen einführen würde. Das Gleiche gilt für die Freiheit: die geringste Reinjektion einer Dosis von Freiheit oder gar einer Infragestellung der Freiheit würde einen fatalen Virus in die zusammengeschalteten Netze einführen, der aus freiwilliger Knechtschaft besteht – eine gewaltlose, konsensorientierte, ökologische Mikro-Knechtschaft, die überall die totalitäre Unterdrückung ablöst.

Der Witz an dieser Geschichte, die Ironie des Endes liegt darin, daß der Kommunismus genau so zusammengebrochen ist, wie Marx es für den Kapitalismus vorhergesagt hatte, mit derselben Plötzlichkeit und im Grunde so einfach, daß es dazu keiner Phantasie bedurfte. Daß er sich über den Sieger getäuscht hat, ändert nichts an der Genauigkeit seiner Analyse, sondern ergänzt sie nur um die objektive Ironie, die ihr gefehlt hatte. Darum hat sich nun das Schicksal gekümmert. So als ob ein böser Geist im letzten Augenblick den einen durch den anderen, den Kapitalismus durch den Kommunismus ersetzt hätte. So als ob, nachdem die westliche Gesellschaft auf ihre Weise die Vorhersagen für eine zukünftige Gesellschaft (Absterben des Staates, des Politischen, der Arbeit, Verwaltung aller Dinge und allgemeine Muße, selbst wenn das alles nur simuliert war) an Stelle des Kommunismus verwirklicht hat, dieser sich nur noch selbst abzuschaffen brauchte. Eine großartige Arbeitsteilung: das Kapital hat die Arbeit des Kommunismus gemacht, und der Kommunismus ist anstelle des Kapitals gestorben. Aber das kann sich auch wieder umkehren. Denn von allen Idealvorstellungen war vielleicht nur die des theoretischen Kommunismus absurd. Das Kapital hat letztendlich das *wirkliche* Ziel des Kommunismus verwirklicht, nämlich den allgemeinen Austausch. Ganz gleich zu welchem Preis. Eben genau zu einem beliebigen Preis, denn es hat ihn unter den Auspizien des Marktes und der Ware verwirklicht. Aber auch das gehört zur Ironie der Geschichte: die Umkehrung der Bedeutung des Endes – die Illusion über das Ende. Man kann von den Ereignissen nicht verlangen, daß sie sich an die ursprünglichen Gegebenheiten halten. Manchmal geschieht in ironischer Form das genaue Gegenteil, während die gleichen Endergebnisse erreicht werden.

Das Kapital hat jede Negativität verschlungen, die der Geschichte und der Arbeit, und das buchstäblich in sarkastischer Weise: die eigene Substanz des menschlichen Wesens aufzehren, um sie in seine Essenz als produktives Wesen umzuwandeln. Es hat sich ganz einfach die Dialektik einverleibt, und zwar durch die parodistische Übernahme von entgegengesetzten Termen, durch die parodistische Überhöhung seiner eigenen Widersprüche. Wir erleben den parodistischen Triumph der klassenlosen Gesellschaft, die parodistische Verwirklichung aller utopischen Metaphern: der Freizeitmensch, der alle Bereiche umfassende Pluralismus, die Mobilität und Verfügbarkeit aller Zeichen – die Köchin ist zum Staatschef geworden, zumindest beinahe (seit diesem alten Traum Lenins hat man schon Schlimmeres erlebt). Unglücklicherweise ist zwischendurch der Staat verschwunden, zumindest fast, und zwar durch den gleichen Effekt, der bewirkt, daß die Köchin Zugang zu ihm bekommt – ohne daß man wüßte, ob das Verschwinden des einen den Aufstieg der anderen zur Folge hatte oder umgekehrt. Jedenfalls gilt, wenn der Staat aufhört Staat zu sein, ist die Köchin auch keine Köchin mehr – wie Brecht sagt: die Tatsache, daß Bier kein Bier ist, wird dadurch ausgeglichen, daß eine Zigarre auch keine Zigarre mehr ist. Die ironische Ordnung ist somit voll intakt.

Eine weitere Ironie der Geschichte ist die ubueske Form der Reue. Gorbatschow entsagt dem Marxismus! Das ist ja großartig! Aber was heißt entsagen? Kann man auf den Marxismus verzichten, so wie man auf Tabak oder Alkohol verzichtet? Kann man auf Vater und Mutter verzichten? Kann man auf Gott verzichten? Die Kirche wollte früher auf den Teufel oder die Unbefleckte Empfängnis verzichten, aber das ist ihr nicht gelungen. Der Verzicht ist die symmetrische und umgekehrte Bewegung des Glaubens – ebenso absurd wie unnütz. Wenn etwas existiert, ist es unnütz, daran zu glauben. Wenn es nicht existiert, ist es unnütz darauf zu verzichten. Somit ist der Verzicht auf den Klassenkampf grotesk: man kann den Klassenkampf ablehnen oder opfern, wenn es sein muß, aber man kann auf ihn nicht verzichten, wie auf alte Klamotten oder einen kindischen Aberglauben.

Dieser Verzicht, dieser Abfall vom Glauben ist ein sehr schlechtes Beispiel. Selbst wenn auch der Westen eines Tages auf den Kapitalismus verzichten muß. Selbst wenn auch der Westen gezwungen wäre, den Marxismus wiederauferstehen zu lassen, der – verdammt noch mal – zum kulturellen Erbe gehört (wie der Teufel übrigens auch).

DIE LEICHENHAUFEN VON TEMESVAR

Dennoch hat es den Anschein, daß wir die Nase voll davon haben, das Ende der Geschichte mit Trugbildern zu füttern, und daß wir ihr ihren Lauf lassen, daß wir die Nase voll haben von der ewigen Simulation der Moderne und daß wir mit den jüngsten Ereignissen, darin eingeschlossen die im Osten, in eine Phase der *Entsimulierung* eintreten. So sind der Golfkrieg und die Ereignisse im Osten quasi unwirkliche Ereignisse, die für sich genommen weniger Sinn haben als die Tatsache, daß sie Schluß mit Dingen machen, die schon lange keinen Sinn mehr hatten (der Kommunismus in den östlichen Ländern, der Kalte Krieg um den Golf). So gesehen handelt es sich trotzdem um symptomatische, wenn auch doppeldeutige Ereignisse, die zwar eine unmittelbare (über die Medien vermittelte) Glaubwürdigkeit haben, die man aber nicht überprüfen kann. Wenn man zurückblickt, so gilt das Gleiche für viele Ereignisse aus der früheren oder jüngeren Vergangenheit: auch sie beruhen nicht mehr auf Wahrheit, sondern auf Glaubwürdigkeit. Die Nachrichten machen alles glaubhaft (das heißt: ungewiß), selbst weit zurückliegende oder zukünftige Ereignisse. Das Prinzip der Glaubwürdigkeit (das auch den Statistiken und Umfragen anhaftet) hat die Wahrheitskriterien ersetzt, und somit ist es das eigentliche Prinzip der Information. Diese Ungewißheit ist so etwas wie ein Virus, der jede Geschichte, jede Nachricht und jedes Bild betrifft oder befällt. Selbst wenn eine Nachricht dementiert wird, kann das nur virtuell geschehen, denn die Virtualität ist ein Teil der Realität selbst – einer Realität, die nunmehr ungewiß, paradox, beliebig und hyperreal ist, die durch die Medien gefiltert und durch ihr eigenes Bild aufgelöst wird.

Daher kommt das Interesse, den Golfkrieg und die rumänische »Revolution« einem Ungewißheitstest zu unterwerfen und sie zu jenen Dingen zu rechnen, die nur auf den Bildschirmen verifiziert werden können, die direkt in den Nachrichten entwertet werden können, sogleich bereinigt und als x-beliebiges Spektakel vergessen werden.

Während der rumänischen Revolution hat die Falschmeldung über die Toten von Temesvar eine Art von moralischer Entrüstung hervorgerufen und das Problem des Skandals der »Desinformation« aufgeworfen, beziehungsweise das Problem der *Information selbst als Skandal.*

Nicht die Toten sind ein Skandal, sondern die massive Anhäufung von Leichen vor der Fernsehkamera, so wie früher die Auflistung von toten Seelen in den Kirchenbüchern. Sie und damit zugleich auch wir als getäuschte Fernsehzuschauer werden gewissermaßen zu Geiseln gemacht. Die Erpressung durch Gewalt und Tod, vor allem wegen einer edlen und revolutionären Sache, wurde als noch schlimmer als die Gewalt selbst empfunden, nämlich als eine Parodie der Geschichte.

Alle Medien leben von mutmaßlichen Katastrophen, vom unmittelbaren Bevorstehen des Todes. So zeigt uns ein Photo in der *Libération* einen Konvoi von Flüchtlingen, »der kurz nach der Aufnahme dieses Photos von der irakischen Armee angegriffen werden wird«. Eine Vorwegnahme von Folgen, eine morbide Simulation, Erpressung zum Mitgefühl. Das Gleiche geschieht auf

CNN beim Anflug der Scud-Raketen. Die Nachrichten sind nichts wert, wenn es diesen Horizont des Virtuellen, diese Hysterie des Virtuellen nicht gibt – nicht im psychologischen Sinne, sondern durch den Zwang der Ereignisse, die wider besseren Wissens als real dargeboten werden, damit sie als irreale Ereignisse konsumiert werden können.

Um etwas Künstliches zu verwerfen, hat man früher gesagt: Das ist doch bloß Kino! Das ist doch bloß Theater! Das ist doch bloß Literatur! Dieses Mal, als man Rumänien und den Golfkrieg vor der Nase hatte, konnte man sagen: Das ist doch bloß Fernsehen!

Eine Photographie oder ein Film-Bild werden noch durch das Negativ (und einen Projektor) übermittelt, während die digitalen und synthetischen Fernseh- und Videobilder kein Negativ haben, so daß sie ohne Negativität und Bezug sind. Sie sind *virtuell*, und das Virtuelle macht Schluß mit jeder Negativität und somit mit jedem Bezug auf die Wirklichkeit oder auf ein Ereignis. So gesehen, ist die Ansteckung durch Bilder, die sich selbst ohne irgendeinen Bezug auf etwas Reales oder Phantastisches erzeugen, virtuell grenzenlos, und diese grenzenlose Erzeugung produziert die *Information als Katastrophe*.

Ist ein Bild, das sich nur auf sich selbst bezieht, überhaupt noch ein Bild? Zumindest wirft es das Problem seiner Indifferenz gegenüber der Welt auf, und somit das unserer Gleichgültigkeit gegenüber dem Bild – und das ist ein politisches Problem. Wenn das Fernsehen zum strategischen Schauplatz des Ereignisses wird, dann konstituiert es sich als mörderischen Selbstbezug, es wird zu einer Jungesellenmaschine. Das reale Objekt wird durch die Information vernichtet – nicht nur verfälscht, sondern abgeschafft. Es bleiben von ihm nur Spuren auf einem Kontrollschirm übrig.

Viele rumänische Zeugnisse sprechen von dieser Enteignung des Ereignisses und der lebendigen Erfahrung, die sie durch das Versinken im Mediennetz gemacht haben, durch die Anordnung zu Hause vor dem Fernsehbildschirm zu bleiben. Die Zuschauer wurden somit zu »Exoten« des Bildschirms, indem sie ihre Revolution als Exotik von Bildern erlebten und selber zu außenstehenden Zuschauern und Touristen einer virtuellen Geschichte wurden. Von dem Moment an, wo das Studio zum zentralen Ort des Geschehens und der Bildschirm zum einzigen Erscheinungsort wird, will jeder dort um jeden Preis erscheinen, beziehungsweise man versammelt sich auf der Straße im Lichtkegel der Kameras, die sich übrigens gegenseitig aufnehmen. Die Straße wird zur Verlängerung des Studios, das heißt, zum *Nicht-Ort* des Ereignisses, zum *virtuellen* Ort des Ereignisses. Die Straße selbst wird zu einem virtuellen Raum. Ort der endgültigen Verschmelzung von Masse und Medium, der Verschmelzung von Handlung und Zeichen in Echtzeit.

Bei all dem wird keinerlei Kommunikation angestrebt. Es gibt nur den unwiderstehlichen Drang, diesen Nicht-Ort zu besetzen, *diesen leeren Raum der Repräsentation*, den der Bildschirm darstellt. Die Repräsentation (auch die politische) ist heute ein Tiefdruckgebiet, das die Medien mit ihren Turbulenzen füllen, was die gleichen Folgen hat, wie der Druckabfall in einem beliebigen Raum. Der höchste Informationsdruck entspricht dem niedrigsten Druck des Ereignisses und des Realen.

Die gleiche Irrealität gab es im Ceausescu-Prozeß. Nicht der juristische Ablauf als solcher war ein Skandal, sondern das Videoband, das als einzige unblutige Spur eines blutigen Ereignisses unakzeptabel ist. In den Augen der ganzen Welt wird das für immer ein suspektes Ereignis bleiben, und zwar nur wegen der Unterschlagung von Szenen, wegen der befremdlichen Obszönität. Dieses verborgene Gericht, dessen Stimmen auf die Angeklagten niederprasseln, diese Angeklagten, die man uns anzusehen zwingt, als sie bereits virtuell tot sind, diese toten Angeklagten, die man aus Gründen der Information zum zweiten Mal erschießt. Man könnte sich sogar fragen, ob die Akteure dieser Inszenierung sich absichtlich in den Augen der Weltmeinung verdächtig machen wollten, ob sie absichtlich ihr Image sabotieren wollten. Zugleich ist dieser Ceausescu-Prozeß als Videoproduktion vollkommen gelungen, da er deutlich die Bild-, Erpressungs- und Abschreckungs-Funktion belegt. Im Grunde wird im Schatten der Diktatur das Gespür für all das viel mehr verfeinert als bei uns. Wir haben ihnen nichts beizubringen. Denn wenn die Rumänen sich durch diese Spekulation in den Medien selbst gedopt haben, die ihnen als revolutionäres Aphrodisiakum diente, dann haben sie auch alle westlichen Medien in die gleiche Informationsdemagogie hineingezogen. Indem sie sich selbst manipulierten, haben sie uns dazu gebracht, spontan ihre Fiktion zu schlucken. Wir tragen die gleiche Verantwortung wie sie. Beziehungsweise, es gibt nirgendwo Verantwortung. Die Frage der Verantwortung kann nicht einmal mehr gestellt werden. Der Anstifter für diese Inszenierung ist der böse Geist der Information.

Wenn die Information sich mit ihrer Quelle vermischt, kommt es wie bei Klangwellen zu einer Rückkopplung, zu Störungen und Ungewißheit. Wenn die Nachfrage auf dem Höhepunkt ist (heute ist die Nachfrage nach Ereignissen überall auf dem Höhepunkt), schließt sie die ursprünglichen Tatsachen kurz und erzeugt eine unkontrollierbare Reaktion. Aus diesem Grunde machen wir ihnen eigentlich einen falschen Prozeß, wenn wir sie der Manipulation und der Böswilligkeit anklagen. Niemand ist verantwortlich. Alles spielt sich im Teufelskreis der Glaubwürdigkeit ab. Im obskuren Bewußtsein der Akteure und der Medien mußte man die Ereignisse im Osten glaubwürdig machen. Man mußte diese Revolution durch ein Überangebot von Toten glaubwürdig machen. Und die Medien selber durch einen Bezug auf das Volk glaubwürdig machen. Daraus entsteht ein Teufelskreis der Glaubwürdigkeit, der dazu führt, daß die Revolution und die Ereignisse selber *unglaubwürdig gemacht* werden. Die logische Verkettung von Information und Geschichte wendet sich gegen sich selbst und löst durch ihren Kreislauf ein Abflauen des Geschichtsbewußtseins aus.

Die Amerikaner haben während des Golfkrieges nichts anderes gemacht. Durch das Übermaß ihres Aufmarsches und ihrer Inszenierung, durch die maßlose Demonstration ihrer Macht und ihres Informationsmonopols haben sie den Krieg und die Information unglaubwürdig gemacht. Sie sind die Ubus ihrer eigenen Macht gewesen, so wie die Rumänen die Ubus ihrer eigenen Ohnmacht waren. Gerade die Übertreibung erzeugt eine Parodie, die die Tatsachen null und nichtig macht. Wie das Prinzip der Ökonomie durch die Finanzspekulation zerstört wird, so wird das Prinzip des Politischen und der Geschichte durch die Medienspekulation zerstört.

Im Gegensatz zur Fiktion weltweiter Solidarität, die die Medien und Bilder umgibt, haben die Ereignisse immer weniger Sinn. Und jenseits eines immer enger werdenden Horizonts haben sie immer weniger Realität. Die Verbreitungsrate im Medienraum ist maximal, aber der Resonanzindex ist gleich Null. Früher hatten Tatsachen und Taten eine reale Resonanz im begrenzten Bereich einer organischen Nähe. Das Europa des 15. und des 18. Jahrhunderts kommunizierte in bestimmter Hinsicht viel lebendiger und freier als das televisuelle und interaktive Europa des 20. Jahrhunderts. Und dieser »natürliche« Horizont führte zu einem möglichen Universellen, während heute die universelle Promiskuität von Bildern unser Exil verstärkt und uns in unsere Gleichgültigkeit einschließt.

Wir sind davon überzeugt, daß die Mächte im Osten zusammengebrochen sind, weil sie dem »natürlichen und demokratischen« Informationsgesetz zuwidergehandelt haben. All das erschien im grellen Licht der Menschenrechte unterentwickelt, also irreal und widernatürlich. Seit fünfzig Jahren haben wir all diese Völker als irregeleitete Opfer der Diktatur angesehen, gegenüber der es keinen anderen Ausweg gab, als sich um unsere wunderbaren Werte zu scharen. Als ob wir nicht Geiseln eines Systems wären, das ebenso terroristisch ist wie ihres, eines Systems der Verflüssigung und der Transparenz, das mit der Geschichte ebenso effektiv Schluß macht wie die bürokratische Erstarrung der Regime im Osten. Heute, wo alles zur Transparenz (Glasnost!)

zurückgekehrt ist, erweist sich diese als verfälscht und mit allem Schutt der Geschichte belastet, so daß man beinahe bedauert, daß ganze Völker aus ihrem gewaltsam oder durch Tyrannen erzeugten Dunkel herausgetreten sind, um zur Beute der Aufklärung zu werden und wie Motten im Kunstlicht unserer Freiheit, unserer grenzenlosen Solidarität und unserer skrupellosen Information zu verbrennen. Wir, die wir einen solchen Respekt vor dem Privatleben der Individuen haben, sollten auch das der Völker und ihr Recht achten, entgegen aller internationalen Moral diesem modernen Informationstribunal zu entgehen, das regelrecht zur Inquisition wird. Denn allein die Information hat alle Rechte, da sie über das Existenzrecht gebietet.

Dieses demokratische Pharisäertum des Westens wird durch den Zynismus der Medien zum Scheitern gebracht, also durch den radikalen Einsatz des Mediums und durch die radikale Geringschätzung der Botschaft, für die die Rumänen den Beweis geliefert haben (denn natürlich stehen sie hier nur als Beispiel). Im Grunde haben sie uns, ob nun absichtlich oder nicht, eine gute Lehre erteilt. Indem sie das Bild parodiert haben, haben sie unser schönstes technologisches Gadget in die Falle gelockt. Durch seine skrupellose Anwendung haben sie seine Mythologie zerstört. Außerdem haben sie uns eine Lektion in Sachen Freiheit erteilt, und zwar nicht, indem sie sie wirklich errungen hätten, sondern indem sie uns mit dem Hirngespinst der Befreiung geködert haben, das sich in der Tat an unserer westlichen Nachfrage orientierte. Durch ihre Inszenierung der Revolution haben sie uns zurückgegeben, was wir von ihnen erwartet hatten, indem sie uns listig den Spiegel des Konformismus vorgehalten haben, der seine Opfer blind macht – und der uns geblendet hat.

Zugleich haben sie uns gezeigt, daß die Freiheit bis zur offenen und zynischen Manipulation von Tatsachen gehen kann, während wir uns noch verschämte Manipulationen leisten. Wir halten uns an die moralischen und umstandsbedingten Formen von Freiheit, während sie bis zur umstandslosen, parodistischen und paroxistischen Form der Befreiung des Bildes und der Befreiung durch das Bild gehen. Man sieht nicht ein, warum das Bild, wenn es erst einmal »befreit« worden ist, nicht das Recht zum Lügen haben sollte. Darin liegt zweifellos eine seiner vitalen Funktionen. Und es ist naiv, zu glauben, es würde sich zugunsten der Wahrheit befreien – ebenso naiv, wie zu meinen, daß die Rumänen sich zugunsten einer »echten« Demokratie befreien würden. Die Wahrheit ist, daß die Befreiung des Bildes es ganz natürlich zur Simulation führt, und darin liegt seine echte Freiheit. Auch wenn wir es nicht akzeptieren wollen, müssen wir doch folgendes zugestehen: das Bild, und mit ihm die Information, unterliegt keinerlei Wahrheits- oder Realitätsprinzip.

So ist das internationale Bewußtsein also auf sein eigenes Ideal hereingefallen und in seine eigene Falle gegangen. Der Golfkrieg hat nur den verheerenden Eindruck verstärkt, daß die Simulation schon so weit geht, daß die Frage nach Wahrheit und Realität nicht einmal mehr gestellt werden kann, daß die »Befreiung« des Mediums und des Bildes schon so weit gediehen ist, daß die Frage der Freiheit nicht einmal mehr gestellt werden kann. Aber kann der Information und den Medien wirklich der Prozeß gemacht werden? Ganz und gar nicht, und zwar aus dem einfachen Grund, weil der Schlüssel zur Untersuchung in den Händen der Medien selber liegt. Gegen ihre Unschuld läßt sich kein Einspruch erheben, da die »Fehlinformation« immer einer Informationspanne zugeschrieben wird, ohne daß das Prinzip jemals in Frage gestellt wird.

Aber es hat doch so etwas wie ein Urteil in dieser Geschichte Rumäniens gegeben, und die künstlichen Leichenhaufen waren dennoch zu etwas nütze. Man kann sich fragen, ob die Rumänen gerade durch die Übertreibung der Inszenierung und durch das Trugbild ihrer Revolution nicht eine Entmystifizierung der Information und ihres Prinzips bewirkt haben. Denn wenn das Medienbild Schluß mit der Glaubwürdigkeit des Ereignisses gemacht hat, so hat das Ereignis seinerseits Schluß mit der Glaubwürdigkeit des Bildes gemacht. Man wird nie wieder guten Glaubens ein Fernsehbild ansehen, und das ist die schönste kollektive Entmystifizierung, die wir jemals erlebt haben. Das ist die schönste Rache an dieser neuen arroganten Macht, an dieser Macht der Erpressung zum Ereignis. Wer vermag zu sagen, welche Verantwortung mit der Produktion eines gefälschten Massakers im Fernsehen (Temesvar) im Gegensatz zu einem wirklich begangenen Massaker verbunden ist? Es handelt sich um einen anderen Typus von Verbrechen an der Menschheit, um die Geiselnahme von Phantasien, Affekten und der Gutgläubigkeit von Abermillionen Menschen mit Hilfe des Fernsehens; es handelt sich um das Verbrechen der Erpressung und der Simulation. Welche Strafe ist für eine solche Geiselnahme vorgesehen?

Nichts kann diese Situation ändern, und man braucht sich keine Illusionen machen: das »Syndrom von Temesvar« hat weder etwas Perverses noch etwas Skandalöses – es ist ganz einfach die (unmoralische) Wahrheit der Information, deren Bestimmung insgeheim darin liegt, uns über das Reale zu täuschen, aber *uns auch über das Reale zu ent-täuschen*. Es gibt keinen größeren Irrtum, als das Reale für das Reale zu halten, und in diesem Sinne dient uns gerade die Übertreibung der Medien-Illusion als lebenswichtige Desillusion. So wird die Information gerade durch ihre Auswirkungen entzaubert, und die Gewalt der Information wird durch die Geringschätzung und Gleichgültigkeit, die sie hervorruft, gerächt.

So wie man sich rückhaltlos beglückwünschen muß, daß es Politiker gibt, die dieses langweilige Amt auf sich nehmen, muß man auch den Medien danken, daß sie da sind und daß sie den triumphierenden Illusionismus der Kommunikationswelt auf sich nehmen, die ganze Zwiespältigkeit der Massenkultur, das Durcheinander von Ideologien, von Stereotypen, das Spektakel und die Banalität – und daß sie durch ihr Vorgehen all das auslöschen. Dadurch, daß sie so etwas wie ein permanenter Intelligenztest sind. Denn wo sonst, wenn nicht im Fernsehen kann man lernen, jedes Bild, jede Aussage und jeden Kommentar in Frage zu stellen? Das Fernsehen trichtert uns Gleichgültigkeit, Distanziertheit, Skepsis und bedingungslose Apathie ein. Durch das Bildwerden der Welt betäubt es die Vorstellungskraft, löst es eine angewiderte Gegenreaktion und zugleich einen Adrenalinstoß aus, der zu völliger Desillusion führt. Das Fernsehen und die Medien hätten das Reale abschreckend gemacht, wenn es nicht schon von sich aus abstoßend gewesen wäre. Und das ist ein absoluter Fortschritt im Bewußtsein oder im zynischen Unbewußten unserer Epoche.

DIE ILLUSION DES KRIEGES

Den Krieg durch die Zeichen des Krieges ersetzen.

Amerika hat den Golfkrieg geführt, als ob es sich um einen Atomkrieg handelte, insgesamt gesehen also als Ersatz für einen Dritten Weltkrieg, der nicht stattgefunden hat. Zwar ein Atomkrieg ohne Atom, aber trotzdem durch die Art des Zuschlagens, die Direktheit, die Nicht-Konfrontation und den Elektroschock mit einem Atomkrieg vergleichbar. Der erste Schlag ist der letzte – so hat man sich das atomare Duell zumindest vorgestellt, aber keiner der Gegner hat diesen Erstschlag jemals riskiert, vielleicht deshalb, weil im Grunde keiner von beiden so recht daran glauben mochte. Das atomare Duell, das Spiel der Abschreckung war ein Szenario, das gerade so eben glaubwürdig war, weil es auf dem kalkulierten Schwebezustand des Gleichgewichts des Schreckens beruhte. Als die Perspektive eines atomaren *clash* mit dem Krieg der Sterne endgültig im Weltraum verschwunden war, mußte man ihn in einer Simulation testen, in einem *wargame* in Kleinformat, in dem die Möglichkeit der Vernichtung des Gegners verifiziert werden sollte. Aber typischerweise hat man doch gezögert so weit zu gehen: man mußte Saddam verschonen, der letztlich doch nur eine Schießbudenfigur war, auf die man aus nächster Nähe zielen konnte. Es war nur eine zweitklassige Inszenierung.

Diese militärische »Orgie« war also keineswegs eine Orgie. Sie war eine Orgie der Simulation oder eine Simulation der Orgie. Im deutschen Wort *Schwindel* wird das sehr gut zusammengefaßt; es bezeichnet zugleich Rausch und Betrug, Bewußtseinsverlust und Täuschung.

Die Amerikaner haben – mit Hilfe der Medien, der Zensur, von CNN etc. – den gleichen Krieg gegen die Weltmeinung geführt wie auf dem Gebiet der Waffen. Auf der Ebene der Medien haben sie eine Unterdruckbombe eingesetzt, die den ganzen Sauerstoff der öffentlichen Meinung absog.

Die Amnesie ist schon für sich genommen eine Bestätigung der Irrealität dieses Krieges. Überbelichtet in den Medien, unterbelichtet im Gedächtnis. Die Verkörperung des Veraltens, wie bei jedem beliebigen Konsumprodukt... Das Vergessen ist trotz des Überflusses an Informationen und Einzelheiten in das Ereignis eingeschrieben, wie das Veralten trotz des Überflusses an unnützem Schnickschnack in das Objekt eingeschrieben ist.

Wenn man nur einen Bruchteil dessen ernst nimmt, was in den Fernsehnachrichten geschieht, ist man schon reingefallen. Aber das Fernsehen schützt einen davor. Seine immunisierende, prophylaktische Vorgehensweise schützt uns vor einer unerträglichen Verantwortung. Seine Wirkung und seine Bilder verpuffen in den Bewußtseinen von selbst. Sind wir also am Nullpunkt der Kommunikation angekommen? Klar: die Leute hüten sich vor der Kommunikation wie vor der Pest.

Nach diesem Golfkrieg gab es auch keinen Jubel (war das überhaupt ein Sieg?). Eher eine Flucht in Amnesie und Heuchelei. Selbst chirurgisch ausgedrückt, eine mißlungene Operation: sie hat nichts zur Welt gebracht, sogar die zweihunderttausend Toten haben nichts gebracht, es sei denn die großartige Fehlgeburt der Neuen Weltordnung. Ein ergebnisloser Krieg, aber nicht ohne Nachwehen. Vorbei ist das Dilemma Realität/Irrealität des Krieges, man ist in die schlichte und einfache Realität der politischen Schande zurückgefallen, in die übelste Realpolitik: die Schiiten, die Kurden, das einkalkulierte Überleben von Saddam... Hier müssen sogar die glühendsten Verteidiger der Realität des Krieges letzten Endes zugeben, daß vielleicht tatsächlich gar nichts passiert ist. Aber sie verurteilen nur das Fehlen eines Resultates, nicht etwa das Ereignis als solches – dadurch erweisen sie sich als ebenso realpolitisch wie die anderen.

Es geht nicht darum für oder gegen den Krieg zu sein. Es geht darum, für oder gegen *die Realität des Krieges* zu sein. Die Analyse darf nicht dem Ausdruck von Wut und Verzweiflung geopfert werden. Sie muß voll und ganz gegen die Realität gerichtet werden, gegen die Evidenz, hier die Evidenz dieses Krieges. Die Stoiker bestreiten sogar das tatsächliche Vorhandensein des Schmerzes, wenn die Konfusion des Körpers am stärksten ist. Hier muß man sogar die Faktizität des Krieges bestreiten, wenn die Konfusion des Realen am stärksten ist. Zuschlagen, gerade mangels Realität. Sonst ist es zu spät: man bleibt an den »Gewalttaten« kleben, ereifert sich über die Niedertracht der Realität.

Mit gewissem zeitlichem Abstand oder schon jetzt mit ein wenig Phantasie wird man *Der Golfkrieg hat nicht stattgefunden*[4] wie eine Science-Fiction-Geschichte lesen können, wie eine glühend heiße, leibhaftige Vorwegnahme eines Ereignisses in einem Fiction-Szenario, zu dem es später in jeder Hinsicht werden sollte. So wie bei Borges die Chronik von Kulturen, die es nicht gegeben hat.

Wenn man den Nicht-Ort des Krieges transparent macht, wird er in der Phantasie vorstellbar, in der »Echtzeit« der Information dagegen entzieht er sich. Man stärkt die Illusion des Krieges, anstatt die Falschheit seiner Realität zu erhärten.

Jedenfalls, und das ist logisch, ist dieses Buch in das gleiche schwarze Loch gefallen wie der Krieg. Es ist genauso schnell verschwunden wie das Ereignis, dessen Fehlen es kritisierte. Ebenso wie die Agentur, wie die Erscheinung im Fernsehen, war es ein gelungener Nicht-Ort. Alles war in Ordnung, da es sich um irgend etwas handelte, das nicht stattgefunden hatte.

Das *Trugbild der Helena* stand im Mittelpunkt des Trojanischen Krieges. Die ägyptischen Priester haben das Original (von dem unbekannt ist, was aus ihm geworden ist) bewacht, als sie mit Paris nach Troja aufgebrochen ist. Aber auch ohne die Zauberkunst der Priester war Helena in jedem Fall nur ein Trugbild (Eidolon), da die universelle Form der Schönheit ebenso irreal ist wie das Gold, die universelle Form aller Waren. Jede universelle Form ist ein Trugbild, da sie gleichzeitig das Äquivalent

4. J. Baudrillard, *La guerre du Golfe n'a pas eu lieu*, Paris 1991.

für alle anderen Formen ist, was kein wirkliches Lebewesen sein kann.

Es gibt viele Analogien zwischen dem Trojanischen und dem Golfkrieg. Menelaos trommelt alle Krieger der griechischen Welt zusammen, so wie Bush vor der Expedition alle Nationen der »freien Welt« zusammentrommelte. Die Inkubationsphase des Krieges ist sehr lang (sieben Jahre für Troja, sieben Monate für den Golfkrieg), die Schlußphase kommt in beiden Fällen sehr schnell. Für den griechischen Sieg mußten die Sieger teuer bezahlen, sie wurden von den Göttern unbarmherzig bestraft (Ermordung von Agamemnon, Klytämnestra, Orest etc.). Was wird mit den »Siegern« des Golfkriegs geschehen? Nun ist es richtig, daß diesmal der Krieg nicht stattgefunden hat. Dieser Unterschied läßt den Amerikanern noch einige Hoffnung; die Götter haben keinen wirklichen Grund, um sich zu rächen.

Wenn die Helena des Trojanischen Krieges ein Trugbild war, wer war dann die Helena des Golfkrieges? Wo war das Trugbild, *wenn nicht der Krieg selbst das Trugbild war*?

DIE VERWALTUNG DER KATASTROPHE

Da das Ende der Geschichte selber eine Katastrophe ist, kann man es nur mit der Katastrophe nähren. Die Verwaltung des Endes ist also mit der Verwaltung von Katastrophen verbunden. Und insbesondere jener Katastrophe, die in der langsamen Vernichtung der restlichen Welt besteht.

Schon seit langem wird die kapitalistische und wirtschaftliche Ausbeutung des Elends der »anderen Welt« kritisiert. Heute muß man ihre moralische und gefühlsmäßige Ausbeutung kritisieren, denn der karitative Kannibalismus ist schlimmer als unterdrückerische Gewalt. Extraktion und humanitäre Wiederaufbereitung des Elends – das Äquivalent für Erdölvorkommen und Goldminen. Man wird zum Spektakel des Elends gezwungen und zugleich zur Spendenfreudigkeit: ein weltweiter Mehrwert an Gutwilligkeit und schlechtem Gewissen. Statt vom Abbau von Rohstoffen sollte man allerdings eher von einer Wiederaufbereitung von Abfällen sprechen. Ihr Elend und unser schlechtes Gewissen gehören in der Tat zu den Abfällen der Geschichte – man braucht sie nur recyclen, um sie zu einer neuen Energiequelle zu machen.

Es handelt sich um eine Eskalation im psychologischen Gleichgewicht des Schreckens. Die weltweite kapitalistische Unterdrückung ist nur noch der Vektor und das Alibi dieser anderen Form von moralischer Ausbeutung, die noch viel grausamer ist. Im Gegensatz zur marxistischen Analyse könnte man beinahe sagen, daß die materielle Ausbeutung nur da ist, um jenen geistigen Rohstoff auszubeuten, der im Elend der Völker besteht, welches als psychologisches Lebensmittel für die reichen Länder und als Mediennahrung unseres Alltagslebens dient.

Eine weitere Investition in die »Vierte Welt« (es handelt sich nicht mehr um eine »Dritte Welt«, die auf dem Wege der Entwicklung ist) als Lagerstätte von Katastrophen. Eine Reinwaschung der westlichen Welt durch die Wiederaufbereitung der restlichen Welt als Abfall und Rückstand. Eine Bußbereitschaft der weißen Welt auf der Suche nach Absolution – die ihrerseits Abfall ihrer eigenen Geschichte ist.

Der Süden ist ein natürlicher Rohstoffproduzent. Der neueste Rohstoff ist die Katastrophe. Der Norden ist auf die Weiterverarbeitung von Rohstoffen spezialisiert, und somit auch auf die von Katastrophen. Vampirhafte Vormundschaft, humanitäre Einmischung, »Ärzte ohne Grenzen«, internationale Solidarität etc. Die letzte Phase des Kolonialismus – die Neue Gefühlsordnung ist nur eine Spielart der Neuen Weltordnung. Das Elend der anderen wird zu unserem Abenteuerspielplatz. So ist die humanitäre Offensive zugunsten der Kurden, die ein Beispiel für die Reumütigkeit der westlichen Mächte ist, nachdem sie sie von Saddam Hussein abschlachten ließen, in Wirklichkeit nur die zweite Phase des Krieges, in der die Vernichtung durch eine karitative Intervention vollendet wird. Wir sind Konsumenten des immer wieder angenehmen Schauspiels vom Elend und von der Katastrophe, und auch des bewegenden Schauspiels unserer eigenen Bemühungen, das Elend zu reduzieren (wodurch eigentlich nur die Voraussetzungen für die Reproduktion des Katastrophenmarktes gesichert werden). Zumindest hier, auf der Ebene des moralischen Gewinns, läßt sich die marxistische Analyse voll und ganz anwenden: wir bemühen uns darum, das Elend als symbolische Ablagerungsstätte zu reproduzieren, als unverzichtbaren Brennstoff für das moralische und gefühlsmäßige Gleichgewicht des Westens.

Zu unserer Entlastung können wir sagen, daß wir selber dieses Elend zum größten Teil geschaffen haben und daß es somit ganz normal ist, wenn wir davon profitieren.

Daß die Not der restlichen Welt die Grundlage der westlichen Macht ist, und daß das Schauspiel dieser Not ihre Krönung ist, dafür gibt es keinen schöneren Beweis als die Eröffnung einer Ausstellung mit den schönsten Photos über das menschliche Elend auf dem Dach der Grande Arche in La Défense mit einem üppigen Buffet, das von der *Stiftung für die Menschenrechte* finanziert wurde. Muß man sich wundern, daß die Arche ihren Raum für das weltweite Leiden reserviert, das mit Kaviar und Champagner geheiligt wird?

Ebenso wie die Wirtschaftskrise des Westens erst an dem Tag ihren Höhepunkt erreichen wird, an dem er nicht mehr die Ressourcen der restlichen Welt ausbeuten kann, wird die symbolische Krise erst an dem Tag vollkommen sein, an dem er sich nicht mehr von den menschlichen oder natürlichen Katastrophen der anderen Welt (der Osten, der Golf, die Kurden, Bangladesch etc.) nähren kann. Wir brauchen diese Droge, die uns als Aphrodisiakum und Halluzinogen dient, die – wie übrigens auch die anderen Drogen – am besten von den armen Ländern geliefert wird. Wir geben ihnen die Mittel, diesen paradoxen Reichtum durch unsere Medien auszubeuten, so wie wir ihnen die Mittel geben, ihre natürlichen Reichtümer mit unseren Techniken auszubeuten. Unsere ganze Kultur lebt von diesem Katastrophen-Kannibalismus, der in zynischer Weise durch die Informationstechniken und in moralischer Weise durch unsere humanitäre Hilfe über die Welt verbreitet wird. Dadurch wird die Kultur gestärkt und ihr Fortbestand gesichert, so wie die Wirtschaftshilfe eine Strategie zur Aufrechterhaltung der Unterentwicklung ist. Bis heute werden die finanziellen Opfer hundertfach durch den moralischen Gewinn kompensiert. Aber wenn der Katastrophenmarkt entsprechend der unvermeidlichen Marktlogik selber in die Krise gerät, wenn die Not seltener wird oder wenn ihre Gewinnspanne sinkt, weil der Markt übermäßig ausgebeutet wurde, wenn das von irgendwo kommende Elend sich nicht mehr wie eine Tasse Kaffee oder irgend etwas anderes verkaufen läßt, dann wird der Westen gezwungen sein, seine eigene Katastrophe zu produzieren, um dem Spektakel und der Gier nach Symbolen gerecht zu werden, die ihn noch mehr charakterisiert als die sonstige Freßlust. Er wird sich selber verschlingen müssen. Wenn wir das Schicksal von anderen endgültig ausgelutscht haben, müssen wir uns ein eigenes erfinden. Der Große Zusammenbruch, der symbolische Crash wird also letzten Endes von uns, den Westlern kommen, allerdings erst dann, wenn wir uns nicht mehr an jenem halluzinogenen Elend weiden können, das aus der anderen Welt kommt.

Es hat übrigens nicht den Anschein, als ob diese andere Welt ihr Monopol aufgeben wollte. Was Katastrophen und Elend betrifft, das heißt, die symbolische Nahrung der reichen Welt, setzen sich der Vordere Orient, Bangladesch, Schwarzafrika und Lateinamerika einem regelrechten *forcing* aus. Man könnte sagen, daß sie sich überbieten, indem sie Erdbeben, Überschwemmungen, Hungersnöte und ökologische Desaster akkumulieren und indem sie Mittel und Wege finden, sich die meiste Zeit gegenseitig umzubringen. Die *disaster-show* läuft ununterbrochen, und unsere sakrifizielle Schuld ihnen gegenüber ist viel größer als ihre Wirtschaftsschulden. Wir können ihnen das Elend, mit dem sie uns großzügig überhäufen, niemals genug vergelten. Die Opfer, die wir zum Ausgleich bringen, sind lächerlich (einige Wirbelstürme, ein paar kleine Holocausts im Straßenverkehr und einige finanzielle Opfer), aber darüber hinaus bewirkt eine teuflische Logik, daß sie zu unserem verstärkten Wohlergehen beitragen, während unsere Wohltaten dagegen zu ihren Naturkatastrophen eine weitere unermeßliche Katastrophe hinzufügen: die Bevölkerungsexplosion, eine regelrechte Epidemie, die wir jeden Tag in Bildern beklagen.

Kurz, die Verzerrung zwischen Nord und Süd ist derartig groß und bringt dem Süden einen derartig großen symbolischen Gewinn (zehntausend tote Iraker gegen einige Dutzend Tote auf unserer Seite, wir sind immer die Verlierer), daß eines Tages alles zusammenbrechen wird. Eines Tages wird der Westen zusammenbrechen, wenn wir uns nicht schleunigst von dieser Schande reinwaschen, wenn nicht ein Internationaler Kongreß der armen Länder sehr bald beschließt, dieses symbolische Privileg des Elends und der Katastrophe zu teilen. Wenn wir uns allerdings weigern, die Atomwaffe zu verbreiten, ist es normal, daß sie sich weigern, die Katastrophenwaffe zu verbreiten. Es ist nicht gerecht, daß sie für alle Zeiten über dieses Monopol verfügen.

Die unterentwickelten Länder sind jedenfalls nur aus der Sicht des westlichen Systems und seines angeblichen Erfolges unterentwickelt. Aus der Sicht seines wahrscheinlichen Scheiterns, sind sie keineswegs mehr unterentwickelt. Sie sind es nur aus der Sicht eines vorherrschenden Evolutionismus, der schon immer die schlimmste Kolonialideologie gewesen ist und der besagt, daß es eine objektive Fortschrittslinie gibt, deren Etappen alle durchlaufen werden müssen (das ist der gleiche Unsinn wie auf der Ebene der Evolution von Gattungen und eines Evolutionismus, der einseitig zur Überlegenheit der menschlichen Gattung führen soll). Aus der Sicht der gegenwärtigen Turbulenzen, die jeder Linearität der Geschichte ein Ende machen, gibt es weder Entwickelte noch Unterentwickelte. Eine evolutionistische Hoffnung bei den Armen zu erwecken, sei es auch durch Revolution, und sie entsprechend der objektiven Illusion des Fortschritts dem technologischen Heil zu überantworten, ist also eine verbrecherische Absurdität. Ihre Chance liegt gerade darin, in dem Moment der Evolution zu entgehen, in dem wir nicht einmal mehr wissen, wohin sie uns führt. Jedenfalls scheint eine Mehrheit dieser Völker, darunter auch die im Osten, diese evolutionäre Moderne nicht mitmachen zu wollen, und ihr spezifisches Gewicht besteht sicherlich zu einem nicht geringen Teil darin, daß der Westen seine eigene Geschichte, seine eigenen Utopien und seine eigene Moderne verleugnet. Man könnte sagen, daß die Wege der Gewalt, sei sie nun geschichtlich oder nicht, sich umkehren, und daß die Viren sich nunmehr von Süd nach Nord ausbreiten. Das Jahr 1992 und das Jahrhundertende laufen Gefahr, fünfhundert Jahre nach der Eroberung von Amerika durch ein Wiederaufbegehren der Besiegten und durch eine brutale Umkehrung dieser Moderne gekennzeichnet zu werden.

Das Gefühl des Stolzes liegt nicht mehr auf der Seite des Reichtums, sondern auf seiten des Elends, also bei denen, die glücklicherweise nichts zu bereuen haben und vielmehr Stolz darauf sein können, daß sie die von der Katastrophe Privilegierten sind. Es ist zwar richtig, daß sie, selbst wenn sie wollten, nicht auf dieses Privileg verzichten können, aber die Naturkatastrophen verstärken nur die Schuld der Reichen ihnen gegenüber – also derjenigen, die Gott ganz offensichtlich verschmäht, da er sie nicht einmal mehr züchtigt. Eines Tages werden die Weißen von sich aus auf ihre Weiße verzichten. Man kann darauf wetten, daß die Bußfertigkeit mit dem fünfhundertsten Jahrestag der Conquista ihren Höhepunkt erreichen wird. Man muß den Fluch besiegter, aber symbolisch siegreicher Völker bannen, die sich fünfhundert Jahre später durch die Reue ins Herz der weißen Rasse einschleichen.

Das Drama der Unterentwickelten ist nicht gelöst worden und wird auch nicht gelöst werden, da es von nun an vom Drama der Überentwickelten, der reichen Nationen abgelöst wird. Das Psychodrama des Überdrusses, des Überdrucks, der Überfülle, der Neurose und der aufbrechenden Geschwüre, das uns bedroht, das Drama der Übertreibung der Mittel gegenüber den Zwecken verdrängt, wenn es zum Äußersten kommt, das Drama der Armut, des Mangels und des Elends. Deshalb ist ein

Ausbruch der Katastrophe in den Gesellschaften, die sich ins Leere auflösen, wahrscheinlich nicht sehr fern.

Die künstliche Katastrophe und die positiven Aspekte der Zivilisation breiten sich viel schneller aus als die Naturkatastrophe. Die Unterentwickelten befinden sich noch im ersten Stadium der natürlichen und unvorhersehbaren Katastrophe, wir sind bereits im zweiten Stadium, in dem der – unmittelbar bevorstehenden und vorhersehbaren – *fabrizierten* Katastrophe, und wir werden sehr bald das Stadium der *programmierten* Katastrophe erreichen, die Katastrophe dritter Art – die absichtlich herbeigeführte und experimentelle Katastrophe. Und paradoxerweise kommen wir gerade deshalb dahin, weil wir nach Mitteln und Wegen suchen, um der Naturkatastrophe und einem unvorhersehbaren Schicksal zu entgehen. Da der Mensch dem Schicksal nicht entgehen kann, tut er so, als ob er es geschaffen hätte. Da er die Konfrontation mit irgendeinem fatalen oder ungewissen Stichtag nicht akzeptieren kann, zieht er es vor, seinen eigenen Tod als Gattung zu inszenieren.

DER TANZ DER FOSSILIEN

Das Nähren des Endes der Geschichte, das durch die Wiederaufbereitung von Abfällen aller Art bewerkstelligt wird, geschieht auch durch eine Reinjektion aller Überreste einer geschichtslosen Welt. Ein wahrhaft schlechtes Gewissen treibt die Gattung in dem Moment zur Wiederbelebung ihrer gesamten Vergangenheit, in dem sie den Faden ihrer Erinnerung verliert. Alle Überreste, alle Spuren, die insgeheim begraben wurden und die eben deshalb Bestandteil unseres symbolischen Kapitals waren, werden exhumiert und zu neuem Leben erweckt. Sie können unserer Transparenz nicht entgehen. Aus Begrabenem machen wir etwas Sichtbares; aus Lebendem machen wir etwas Totes; aus dem symbolischen Kapital machen wir ein museales und folkloristisches Kapital. Man könnte sagen, daß die Paläontologie das quasi kriminelle Unbewußte der Gattung beherrscht. Denn dieser Wettlauf um Fossilien, diese forcierte Erkundung erinnert in befremdlicher Weise an die Jagd nach den Fossilien des Unbewußten – beide zeugen vom gleichen Ressentiment, was unseren Ursprung betrifft, von der gleichen ursprünglichen Reue, von der gleichen vagen Verantwortlichkeit für die Verbrechen an unseren Vorfahren und unseren Phantasmen.

Nichts verschwindet, nichts darf verschwinden: das ist die Formel dieser neuen Therapiebessenheit, der mnestischen und archäologischen Besessenheit. Ein hypertelisches, überentwickeltes Gedächtnis, das alle Informationen für immer und jederzeit abrufbereit speichert und das jede Trauerarbeit und jede Arbeit an der Auflösung der Vergangenheit ausschließt. Das Unbewußte ist bereits so etwas ähnliches. Das Unbewußte kennt weder Vergangenheit noch Vergessen, es ist weder archaisch noch archäologisch, sondern immer aktuell, die direkte Präsenz aller psychischen Ereignisse, die ständig im Übergang zum potentiellen Handeln auftauchen. Paradoxerweise leben wir, aufgrund der Verbissenheit, gewaltsam all das zu reaktualisieren, an das wir uns nicht einmal mehr erinnern können, gleichzeitig in einer Welt ohne Gedächtnis und in einer Welt ohne Vergessen. Das muß das Paradies oder die Hölle sein: die jederzeitige massive Wiedererinnerung aller Gestalten unseres Lebens. Wir sind verdammt zur Unsterblichkeit eines unerbittlichen Gedächtnisses.

Hat schon die Moderne die anthropologische Forschung aufgebracht, so hat die Postmoderne eine regelrechte neo- und paläolithische Schwärmerei hervorgerufen. Die Ausgrabung von Überresten ist ein industrielles Unternehmen geworden. Denn gerade die großen öffentlichen Arbeiten (ICE, Autobahnen, Städtebau) mehren die archäologischen Funde. Die Paläontologie schreitet im gleichen Rhythmus voran wie die Spitzentechnologien. Grabungsstätten, Überreste, Werkzeuge und Knochen: eine Fundstätte von Jahrtausende alten Zeichen, die dem Vergessen entrissen werden. So kann sich die Technologie schmeicheln, das kulturelle Erbe zu bereichern, während sie gleichzeitig das Territorium zerstört.

Ironisch könnte man sagen, daß die Fossilien ebenso befreit werden wie alles andere. Bercy, Silumian, Cassis, die Einbäume, die Skelette, die Fresken – überall drängen die Überreste danach, entdeckt zu werden. Auch sie wollen sich ausdrücken. Sie haben schon viel zu lange warten müssen. Das ist zwar nicht so wie bei Amerika, das keineswegs entdeckt werden wollte – aber das Ergebnis ist das gleiche: alles, was entdeckt wird, wird vernichtet. Die Fossilien treten nur aus dem Unvordenklichen heraus, das heißt, aus dem geheimen Gedächtnis der Menschen, um sogleich wieder in ihrem künstlichen Gedächtnis begraben zu werden. Kaum ausgegraben, werden sie wieder eingesperrt. Man setzt alle Originale unter Verschluß (die Höhlen von Lascaux, den Schädel von Tautavel, die unter dem Meeresspiegel liegende Höhle von Cassis). Immer mehr Dinge werden ausgegraben, um sofort wieder vergraben zu werden, sie werden dem Tod entrissen, um für alle Zeiten eingefroren zu werden. Sperrbezirk: der unterseeische Eingang der Höhle wurde von der Kriegsmarine vermauert und zugleich vom Kultusministerium katalogisiert. Ein trauriger Versuch, das kollektive Gedächtnis, das sich überall aus dem Staube macht, einzusperren. Tausende von Kunstwerken schlummern bereits in Tresoren und dienen als Sicherheit für den Kunstmarkt. Ein eklatanter Beleg dafür, daß die Wertabstraktion auf Lustentzug beruht. Sogar die abstrakten Formen, die Ideen, die Entwürfe werden in den Heiligtümern der Datenspeicher und der Künstlichen Intelligenz eingefroren. So wie am Beispiel von Lascaux werden nur Kopien, Abzüge und Nachbauten in Umlauf gebracht. Die Xerox-Stufe der Kultur. Auch *Biosphäre II* ist auf seine Weise ein Versuch, die Gattung und ihre Umwelt auf ideale Weise unter der Glaskuppel mit der Aufschrift »Ansehen verboten«, »Berühren verboten« zu begraben, geschützt vor jeder lebendigen Sinnesempfindung und Beute eines für alle Zeiten festgelegten Fetischismus.

Dieser archäologische Fetischismus verdammt seine Objekte nicht nur dazu, zu musealen Abfällen zu werden, die Zeitgenossen der industriellen Abfälle sind, sondern er ist auch ein Beleg für eine verdächtige Nostalgie. Weil wir uns immer mehr von unserer Geschichte entfernen, sind wir versessen auf Zeichen der Vergangenheit, allerdings keineswegs um sie wiederzubeleben, sondern um den leeren Raum unseres Gedächtnisses wieder aufzufüllen. Oder wird der Mensch, der im Begriff ist, die Spur seiner Geschichte zu verlieren, vielleicht von der Sehnsucht nach Gesellschaften ohne Geschichte ergriffen, in der dunklen Ahnung, dadurch zum gleichen Punkt zurückzukehren? All diese Überreste, die wir als Zeugen für unseren eigenen Ursprung bezeichnen, würden somit ungewollt zu Zeichen für seinen Verlust.

Die Leute im 18. Jahrhundert, die Felsmalereien sahen, wollten nicht daran glauben. Sie sahen darin eine Täuschung von Freigeistern, die sich über die Bibel lustig machten (sie hätten die Höhlen bemalt, um glauben zu machen, daß es eine Menschheit gäbe, die älter als die christliche sei). Heute, wo man, da es keine Offenbarung gibt, ein Echtheitszertifikat braucht, wollen wir *allzu* fest daran glauben. Wenn es diese Überreste nicht geben würde, müßte man sie erfinden. All das entspringt dem ungestillten Wunsch nach Echtheit, der imaginären Lücke unserer modernen Gesellschaften. Deshalb kann man sich nicht einmal mehr die Frage nach ihrer Echtheit stellen, denn, selbst wenn sie echt sind, scheinen sie dennoch für die Bedürfnisse der anthropologischen Sache erfunden worden zu sein, um dem abergläubischen Anspruch eines »objektiven« Beweises für unseren Ursprung gerecht zu werden, der ordnungsgemäß durch die C-14-Methode nachgewiesen wird. In der Tat, diese Entdeckung entreißt sie unvermittelt ihrer Wahrheit und ihrem Geheimnis, um sie in einer musealen Instanz erstarren zu lassen, wo sie weder wahr noch falsch sind, sondern durch den wissenschaftlichen Fetischismus verifiziert werden, der ein Komplize unseres fetischistischen Willens, daran zu glauben, ist. Dadurch teilen sie das Schicksal vieler anderer Dinge in unserer Kultur: die Reden, die Werke und die Ereignisse haben keine andere Glaubwürdigkeit als die, die ihnen ihr Wechselkurs an einer imaginären Wertebörse verleiht.

Unsere Gründe, diese Überreste für echt zu erklären, sind ebensowenig objektiv, wie die der Leute im 18. Jahrhundert, ihnen eine Wahrheit abzusprechen. Sie sahen darin echte Trugbilder, wir billigen ihnen eine falsche Authentizität zu, beziehungsweise einen nicht festlegbaren Wert, da er unsere Wünsche übertrifft. Wie jene Objekte, von denen Freud sprach, die, weil sie dem weiblichen Geschlechtsorgan ähnlich sehen, die sexuelle Halluzination ersetzen, machen wir die Fossilien und Überreste zu Fetischen, weil sie dem verlorenen Ursprung nahestehen und als Ersatz für die ursprüngliche Halluzination dienen. So wie die Fetischobjekte die Ablehnung des Geschlechtsunterschiedes und des sexuellen Genusses verbergen, so verbirgt der Fossilienkult eine grundlegende Form von Ressentiment und Ablehnung des Ursprungs und des ursprünglichen Geheimnisses.

Übrigens ersetzen wir sie sofort durch eine Kopie, durch die einzige Version, die unserer Welt entspricht, in der jedes Original virtuell gefährlich ist, in der jedes Einzelstück die freie Zirkulation des Wertes zum

Scheitern bringen könnte – so stellte auch Numa zwölf Kopien des heiligen Schildes her, eines für jeden römischen Stamm, und dann zerstörte er das Original. Davon sind wir nicht sehr weit entfernt, wenn wir den Schädel von Tautavel in ein Bankschließfach einschließen oder wenn wir der Öffentlichkeit eine Nachbildung der Höhle von Lascaux zeigen (man wird übrigens mit Sicherheit die zweite Höhle, eine genaue Kopie der ersten, schließen müssen – es sieht ganz danach aus, daß die Nachbildungen noch schneller verfallen als das Original; wenn man sich vorstellt, daß noch eine dritte oder vierte Version gemacht werden muß, bekommt die heutige Version sozusagen einen historischen Wert). Daß wir darauf verwiesen sind, Kopien zu betrachten, ist wirklich ein Beleg für die gleichzeitige tiefe Verachtung für diese Objekte und für uns selbst. Aber wir geben uns schon seit langem mit Kopien der Realität zufrieden, mit Kopien von Bildern und von allen sonstigen Dingen. Insgeheim ziehen wir es vor, nicht mit dem Original konfrontiert zu werden. Alles, was wir wollen, ist das Copyright.

Neben dem Zweifel, der automatisch alles betrifft, was wunderbarerweise zum richtigen Zeitpunkt auftaucht (archäologische Funde, wissenschaftliche Entdeckungen oder geschichtliche Ereignisse) und gewissermaßen durch unsere Betrachtungsweise erfunden wird, kommt ein weiteres Gefühl der Beklemmung auf, was diese Wiederbelebung aller Spuren betrifft. Sind wir dabei, umfassend und zwanghaft alle Momente der Gattung erneut zu sammeln? Werden alle früheren Phasen wiederbelebt? Erleben wir eine genaue Rekonstruktion all dessen, was früher als Verbrechen erschien (das Auftreten der menschlichen Gattung und des Lebens auf der Erde), da nur Verbrechen peinlich genau rekonstruiert werden? Erschöpft sich die gesamte Zukunft in der künstlichen Synthese der Vergangenheit? Wer weiß, wohin diese gigantische Bewegung in die entgegengesetzte Richtung führt? Handelt es sich um eine flüchtige Phase unserer Post-Histoire, also um eine kulturelle Modeerscheinung oder um eine tiefergreifende Bewegung, die das Schicksal der Gattung berührt, handelt es sich also, darüber hinaus, um Schwingungen kosmischer Art? (Testard: wenn der Höhepunkt der Sexuierung einmal erreicht ist, kommt es zu einer Rückbildung zu früheren Formen der Fortpflanzung. Werden die Menschen am Ende einer sexuierten Geschichte das biologische Klonen wiedererfinden? Todestrieb oder Schwingung kosmischer Art?)

Jedenfalls ist dieses massenhafte Wiederauftauchen von Fossilien und Überresten beunruhigend, vergleichbar mit Zeichen, die als Orakel am Himmel erscheinen. Wir müssen uns vor all diesen Phantomen, die ihrer Grabstätte entrissen werden, in acht nehmen. Die Information, die sie uns über unsere Vergangenheit liefern, ist eine Maske, und ich höre bereits ihr sarkastisches Gelächter. Wenn unsere ganze Vergangenheit ausgegraben ist, wenn alles Verschwundene wieder aufgetaucht ist, werden die Toten zahlreicher als die Lebenden sein und wird sich das gleiche Ungleichgewicht ergeben, als wenn es auf der Erde mehr informatische Substanz und künstliche Intelligenz geben würde als natürliche Intelligenz. Also werden wir entweder in den Sternenraum, in den vernetzten Raum geschleudert oder stürzen in den fossilen Raum, ins Reich der Toten...

EINE BÖSARTIGE ÖKOLOGIE

Das Schlimmste ist, daß im Laufe der weltweiten Wiederaufbereitung von Abfällen, die zu unserer historischen Aufgabe geworden ist, die menschliche Gattung beginnt, sich selbst als Abfall zu produzieren und an sich selber diese Ausschußproduktion fortzusetzen. Das Schlimmste ist nicht, daß wir von den Abfällen der industriellen und städtischen Zusammenballungen überschwemmt werden, sondern daß *wir selber zu Müll werden*. Die Natur, die natürliche Welt wird derartig vollgemüllt, bedeutungslos und lästig, daß man nicht mehr weiß, wie man sie loswerden soll. Indem man stark zentralisierte Strukturen, städtische, industrielle und technische Systeme mit hoher Dichte erschafft und gnadenlos Programme, Funktionen und Modelle konzentriert, verwandelt man den gesamten Rest in Müll, in Abfall, in nutzlose Überreste. Indem man die höheren Funktionen in den Orbit verlagert, verwandelt man die Erde selbst in Abfall, in ein marginales Territorium, in einen peripheren Raum. Eine Autobahn, einen Supermarkt oder eine Metropole zu bauen, bedeutet, automatisch die gesamte Umgebung in eine Wüste zu verwandeln. Indem man superschnelle Kommunikationsnetze schafft, verwandelt man den menschlichen Verkehr direkt in Abfall. Das Beispiel von *Biosphäre II* ist dafür bezeichnend: durch das Beispiel einer idealen Synthese, die sie für unseren Planeten geben soll, durch ein experimentelles Kunstprodukt verwandelt sie unsere Umwelt in ein archaisches Residuum, das in die Mülleimer der Naturgeschichte gehört.

Was die Mülleimer der Geschichte selbst betrifft, so sind sie weniger mit alten Ereignissen oder Ideologien angefüllt, sondern mit aktuellen Ereignissen, die unmittelbar durch die Information ihres Sinnes entleert und somit in kleingemahlene Reste und in einen Bilderfriedhof verwandelt werden. Die Information ist das, was das Ereignis als Abfall ausscheidet: die heutige Müllhalde der Geschichte. Es spricht nichts gegen die unerbittliche Regel, die besagt, daß das Virtuelle das Reale als Abfall produziert. Keine Ökologie kann dagegen etwas machen, jedenfalls keine gut gemeinte Ökologie. Man bräuchte eine bösartige Ökologie, die den Teufel mit dem Beelzebub austreibt.

Heute werden Abfälle übrigens bereits als solche produziert. Man baut riesige Bürogebäude, die für alle Zeiten leer stehen werden (Räume sind wie Menschen arbeitslos). Man baut totgeborene Bauwerke, Trümmer, die immer nur Trümmer sein werden und nicht einmal archäologische Fundstücke (in unserer Epoche werden keine Ruinen oder Überreste mehr produziert, sondern nur noch Abfälle und Rückstände). Regelrechte Denkmäler für den Niedergang des menschlichen Unternehmungsgeistes, denn sie werden nur errichtet, um Arbeitsplätze zu schaffen und die Maschine während ihrer unnützen Erbauung in Gang zu halten. Vielleicht sind sie die wahren Zeugen dieser Zivilisation, die schon zu Lebzeiten eines bereits toten industriellen und bürokratischen Systems gedenkt? Auch hier macht die Geschichte einen phantastischen Rückschritt, indem sie Ruinen für die Zukunft errichtet, Ruinen eines Apparates, der unaufhörlich wie eine virtuelle Müllhalde anschwillt.

Man kann sich ganze Städte vorstellen (und das gilt bereits für Generationen von Raketen, Industrieanlagen oder Immobilien), die nicht aus Abfällen ehemals nützlicher Dinge bestehen, welche noch Gebrauchsspuren aufweisen, sondern *ab ovo* aus Müll, der bestimmt niemals altern oder in irgendeiner Erinnerung auferstehen wird, Phantome einer auf die Spitze getriebenen Investition und eines noch schnelleren Investitionsstops.

Die Produktion von Abfällen als solchen wird von ihrer Idealisierung und von ihrer Propagierung in der Werbung begleitet. Auch die Produktion des Menschen als Abfall wird von seiner Idealisierung und von seiner Propagierung in Form von Menschenrechten begleitet. Idealisierung ist immer mit Verachtung verbunden, so wie Barmherzigkeit immer mit Elend verbunden ist. Das ist so etwas wie eine symbolische Regel. Die zunehmende Reduktion des Menschen auf Abfall (*boat people*, Zwangsverschleppte, Verschwundene, *ghost-people* aller Art) wird von einer verstärkten Propagierung der Menschenrechte begleitet.

Der gleichen Logik folgend hat man vor kurzem eine internationale Anerkennung der Rechte der Natur gefordert. Gerade in dem Moment, wo die Natur zu virtuellem Abfall geworden ist, will man ihr den Status eines Rechtssubjekts verleihen. So wird der »Naturvertrag« endgültig zur Anerkennung der Natur als Abfall. So wie früher die Anerkennung der Rechte von Armen nicht ihrer Emanzipation als Staatsbürger entsprach, sondern ihrer Freisetzung als Arme.

Mit der Frage des Rechtes ist es immer das Gleiche: das Recht auf Wasser, das Recht auf Luft, die Daseinsberechtigung etc. Wenn all diese schönen Dinge verschwinden, sanktioniert das Recht ihr Verschwinden. Das Recht funktioniert ähnlich wie der Glaube. Wenn es Gott gibt, braucht man nicht an ihn glauben. Wenn man doch an ihn glaubt, so liegt das daran, daß seine Existenz nicht mehr evident ist. Wenn Leute also das Recht auf Leben bekommen, dann deshalb, weil sie keine Lebensmöglichkeit mehr haben. Wenn man, wie Michel Serres, die Natur als Rechtssubjekt ansieht, dann deshalb, weil man sie zu Tode objektiviert hat und weil man sich das Recht nimmt, das mit Hilfe dieser ökologischen Garantie weiterhin zu tun.

All das ergibt sich aus einer sehr verdächtigen Evolution des Naturbegriffes. Was zunächst Materie war, ist zu Energie geworden. Die moderne Entdeckung der Natur entspricht ihrer Befreiung als Energie und einer mechanischen Transformation der Welt. Heute wird die Natur, nachdem sie Materie und dann Energie gewesen ist, zu einem interaktiven Subjekt. Sie ist kein Objekt mehr, und dadurch kann sie besser in den Unterwerfungskreislauf eintreten. Ein dramatisches Paradox, das auch die Menschen betrifft: wir sind viel gefährdeter, wenn wir aufhören Objekte zu sein, um Subjekte zu werden. Uns hat man diesen Schlag im Namen bedingungsloser Freiheit schon vor langer Zeit versetzt – wir sollten dasselbe nicht mit der Natur machen. Denn die absolute Gefahr liegt darin, daß es in der Interaktivität, die zum totalen Kommunikationssystem erhoben wird, nichts anderes mehr gibt, nur noch das Subjekt – und bald nur noch Subjekte ohne Objekte. Es gibt nichts Schlimmeres als ein Subjekt ohne Objekt. Unsere ganze Zivilisationsmüdigkeit kommt heute nur daher: nicht mehr aus einer übertriebenen Entfremdung, sondern aus dem Verschwinden der Entfremdung zugunsten einer maximalen Transparenz der Subjekte untereinander. Das ist eine unerträgliche Situation, denn indem wir der Natur den Status eines Rechtssubjektes zuweisen, verleihen wir ihr auch alle Laster der Subjektivität, statten wir sie nach unserem Vorbild mit schlechtem Gewissen und Sehnsucht (nach einem verlorenen Objekt, das in diesem Fall, nur *wir* sein können) aus, mit verschiedenen Trieben und insbesondere mit einem Rachedrang. Das »Gleichgewicht«, von dem man uns in der Ökologie so viel erzählt (*out of balance*), ist weniger das von Ressourcen und ihrer Vergeudung auf dem Erdball, sondern vielmehr das metaphysische von Subjekt und Objekt. Und dieses metaphysische Subjekt/Objekt-Gleichgewicht wird gegenwärtig zugunsten des Subjekts gestört, welches mit allen hoch entwickelten Kommunikationstechniken gerüstet ist, an deren Horizont das Objekt verschwunden ist. Dieses gestörte Gleichgewicht führt zwangsläufig zum Gegenschlag des Objekts. Wie die Individuen sich gegen die Transparenz und gegen die virtuelle Verantwortlichkeit, die ihnen als Subjekte auferlegt wird, mit Undurchdringlichkeit, Widerstand, Versagen, Delinquenz und kollektiver Verweigerung wehren, so wehrt sich auch die Natur gegen diese erzwungene Beförderung zum Rechtssubjekt, gegen diese Erpressung zu Konsens und Kommunikation, mit verschiedenen Verhaltensweisen von radikaler Andersartigkeit, wie etwa Katastrophen, Turbulenzen, Erdbeben und Chaos. Man könnte sagen, daß die Natur sich eigentlich weder für sich selber noch für unsere Bemühungen, sie in die Verantwortung zu nehmen, verantwortlich fühlt. Gewiß, wir gönnen uns ein (schlechtes) ökologisches Gewissen, und mit dieser moralischen Gewalt wollen wir die Gewalt der Naturereignisse bannen. Aber wenn wir ihr den gleichen Bärendienst wie den entkolonisierten Völkern erweisen, indem wir ihr einen Subjektstatus anbieten, brauchen wir uns nicht zu wundern, wenn sie sich irrational verhält, um zu zeigen, daß sie irrational ist. Nichts ist zweideutiger und perverser als ein Subjekt, und das ganz im Gegensatz zur unterschwelligen rousseauistischen Ideologie, derzufolge die innere Natur des befreiten Subjekts nur gut sein kann und derzufolge die Natur selber, wenn sie sich einmal emanzipiert hat, nur mit einem natürlichen Gleichgewicht und mit allen ökologischen Tugenden ausgestattet sein kann. Aber zur Natur gehören auch Keime, Viren, das Chaos, Bakterien und Skorpione, die in *Biosphäre II* bezeichnenderweise eliminiert wurden, als ob sie nicht existieren dürften. Wo sind die tödlichen, so schönen und durchscheinenden Skorpione, die man gleich nebenan im Wüstenmuseum sehen kann und deren magischer Stich im Rahmen unserer *Biosphäre I* sicherlich eine höhere, unsichtbare, aber doch notwendige Funktion für das Gleichgewicht der Lebewesen hat, nämlich als Verkörperung des Bösen, der boshaften Unschuld des Zufalls, der tödlichen Unschuld des Begehrens (des Todes)?

Sie haben vergessen, daß das, was die Lebewesen untereinander verbindet, etwas anderes ist als eine ökologische, biosphärische Solidargemeinschaft, etwas anderes als das homöostatische Gleichgewicht eines Systems, nämlich vielmehr der Kreislauf der Metamorphose. Auch der Mensch ist ein Skorpion (so wie die Bororos Araras sind), und wenn er in einem bereinigten

Universum sich selbst überlassen wird, wird er selber zum Skorpion.

Kurz gesagt, durch die Austreibung des Bösen wird nicht das Gute befreit. Schlimmer noch, wenn man das Gute befreit, befreit man auch das Böse. Und das ist gut so – das ist die Regel des symbolischen Spiels. In der Untrennbarkeit von Gut und Böse liegt unser wirkliches Gleichgewicht, unsere Balance. Man darf nicht der Illusion erliegen, sie trennen zu können, das Gute und das Glück im Reinzustand kultivieren und das Böse, das Unglück wie Abfälle beseitigen zu können. Denn der terroristische Traum von der Transparenz des Guten schlägt sehr schnell in sein Gegenteil um, in die Transparenz des Bösen.

Man darf sich mit der Natur nicht versöhnen.

Je mehr die menschliche Gattung sich mit der Natur versöhnt, um so weniger versöhnt sie sich anscheinend mit sich selbst. Neben den Gewalttaten, die sie begeht, gibt es eine Gewalt, die der menschlichen Gattung im allgemeinen eigen ist, eine Gewalt der Gattung gegen sich selbst, durch die sie sich selber als Residuum und jetzt schon als Überlebende einer künftigen Katastrophe behandelt. Als ob auch sie bereit wäre, eine Evolution, die sie zu einem derartigen Privileg und in ein solches Extrem geführt hat, zu bereuen. Das ist die gleiche Situation wie die der Überschreitung unserer Geschichte laut Canetti, außer daß es sich hier nicht mehr nur um die Geschichte handelt, sondern um die Überschreitung eines Punktes, jenseits dessen *nichts mehr menschlich oder unmenschlich ist*, und außer daß ein noch viel größerer Einsatz auf dem Spiel steht, nämlich das Umhertaumeln der Gattung im Leeren.

Es kann auch sein, daß die Gattung selber in diesem Prozeß ihr eigenes Verschwinden betreibt, sei es aus Enttäuschung oder Ressentiment gegenüber sich selbst, sei es durch eine willentliche Neigung, die sie von jetzt an dahin führt, dieses Verschwinden als Schicksal zu betreiben.

Die Behandlung, die wir anderen Gattungen angedeihen lassen, die virtuell am Verschwinden sind, nehmen wir klammheimlich, trotz unserer Überlegenheit (oder gerade wegen dieser Überlegenheit), an uns selber vor. In einem überfüllten Lebensraum von Tieren reduzieren die Gattungen spontan ihren Lebenswillen. Die Wirkungen, die durch die Endlichkeit der Erde zustande kommen, und zwar zum ersten Mal in gewaltigem Gegensatz zur Unendlichkeit unserer Entwicklung, führen dahin, daß die Gattung automatisch auf kollektiven Selbstmord umschaltet. Sei es durch äußere Gewalt (Atom), sei es durch innere (biologische) Ansteckung. Als Menschengattung unterwerfen wir uns dem gleichen experimentellen Druck wie die Tiergattungen in unseren Laboren.

Der Mensch hat keine Vorurteile: so wie den lebenden oder unbelebten Rest der Welt benutzt er sich selber als Versuchskaninchen. Er spielt genauso locker mit dem Schicksal seiner eigenen Gattung wie mit dem aller anderen. In seinem blinden Bestreben, immer mehr wissen zu wollen, programmiert er seine eigene Zerstörung mit der gleichen Ungeniertheit und Verbissenheit wie die anderer. Man kann ihm nicht vorwerfen, daß sein Egoismus größer sei. Er opfert sich selber als Gattung einem *unbekannten experimentellen Schicksal*, unbekannt jedenfalls für die anderen Gattungen, die nur ein natürliches Schicksal kennen. Und während dieses natürliche Schicksal mit so etwas wie einem Selbsterhaltungstrieb verbunden zu sein schien, der lange Zeit die schönsten Tage einer Naturphilosophie von Gruppen und Individuen gefüllt hat, beseitigt dieses experimentelle Schicksal, dem sich die menschliche Gattung mit niemals dagewesenen und künstlichen Mitteln weiht (diese wissenschaftliche Vorwegnahme ihres eigenen Verschwindens), jeden Selbsterhaltungstrieb. In den Geisteswissenschaften ist er übrigens keine Frage mehr (hier geht es eher um den Todestrieb), und dieses Verschwinden aus dem Bereich des Denkens verweist darauf, daß hinter einer ökologischen Erhaltungswut, die sich vor allem aus Nostalgie und Gewissensbissen speist, bereits eine ganz andere Tendenz auf dem Vormarsch ist: die Opferung der Gattung in grenzenlosem Experimentieren.

Ein doppelter Widerspruch: der Mensch will als einzige Gattung sein unsterbliches Double schaffen, eine beispiellose künstliche Gattung. Durch eine künstliche Überselektion treibt er die natürliche Selektion auf die Spitze, indem er das absolute Privileg einer Seele oder eines Bewußtseins anstrebt und indem er zugleich die natürliche Selektion beendet, die nach dem Gesetz der Evolution den Tod jeder Gattung vorsieht. Indem er die Evolution (aller Gattungen, darin eingeschlossen seiner eigenen) beendet, handelt er der symbolischen Regel zuwider und verdient es somit wahrhaftig zu verschwinden. Und das ist zweifellos letztendlich das Schicksal, das die Gattung durch einen Abweg für sich vorbereitet. In dem Maße, wie der Mensch stolz die Evolution beendet, löst er eine *Involution* und eine Wiederbelebung von biogenetischen unmenschlichen Formen aus. Auch hier zeichnet sich ein Umkehreffekt ab, der jeder idealen oder »wissenschaftlichen« Betrachtung der Gattung entgegengesetzt ist.

Die bei Darwin zwischen den Zeilen angedeutete Idee, daß die natürliche Auslese zu einer Gattung führt, die in der Lage ist, die natürliche Auslese moralisch zu transzendieren, ist sehr zweifelhaft. Gerade indem die menschliche Gattung eine (technische) virtuelle Unsterblichkeit anstrebt, indem sie sich durch eine Projektion in Kunstgebilde eine exklusive Beständigkeit verschafft, ist sie im Begriff, ihre eigene Immunität und ihre Besonderheit zu verlieren. Sie macht sich als *unmenschliche Gattung* unsterblich, sie schafft für sich die Sterblichkeit alles Lebendigen zugunsten der Unsterblichkeit des Toten ab. Sie macht sich als Nullpunkt einer lebendigen Gattung unsterblich, als funktionales Kunstgebilde, das nicht einmal mehr dem Gattungsgesetz gehorcht, es sei denn dem für künstliche Gattungen, die vielleicht noch viel schneller sterben, so daß sie sich durch Künstlichkeit, die ihr eigentlich ein unendliches Überleben sichern sollen, vielleicht noch viel schneller ihrem Ende nähert.

Die menschliche Gattung ist dabei, sich selber mit Hilfe ihrer Techniken zu domestizieren, und dieses Mal endgültig. Sie beugt sich kollektiv den gleichen Ritualen wie die Insekten. Sie beugt sich bald den gleichen kontrollierten Reproduktionstechniken wie die Einzeller. Sie beugt sich dem gleichen biogenetischen (phylo- oder ontogenetischen) Schicksal, dem sie andere Gattungen unterwirft. Trotz ihrer Überlegenheit unterscheidet sie sich nicht mehr von den anderen Gattungen. Sie behandelt sich selber wie eine gnadenlos ausbeutbare Gattung, die ihrer selbstgemachten Verblödung und Vernichtung ausgeliefert ist. Auch hier haben alle Fortschritte, die sie gemacht hat und die sie den anderen auferlegt hat, auf sie selbst einen Umkehreffekt. Als Hüterin von zum Untergang verurteilten Gattungen in ihren Zoos, Museen, Reservaten und Laboren erfährt sie sich als eine zum Untergang verurteilte Gattung, die ängstlich über ihr biosphärisches Schicksal wacht.

Das schönste Beispiel für das, was die menschliche Gattung sich selbst anzutun vermag, ist *Biosphäre II* – der erste zoologische Garten für die menschliche Gattung, in dem sie beobachten kann, wie sie überlebt, so wie man früher die Affen bei der Kopulation beobachten konnte. In der Nähe von Tucson in Arizona steht mitten in der Wüste ein geodätisches Gebilde aus Glas und Metall, das alle Klimazonen der Erde in Miniaturform beherbergt und in dem acht menschliche Wesen (natürlich vier Männer und vier Frauen) für zwei Jahre autark in einem in sich geschlossenen Kreislauf leben sollen, um – da sich das Leben nicht ändern läßt – die Bedingungen für das Überleben zu erforschen. Ein kleiner Ausschnitt der Gattung in einer experimentellen Situation, so etwas wie die Allegorie eines Raumschiffes. Als museales Modell der Zukunft, allerdings einer unvorhersehbaren Zukunft (ein Jahrhundert, tausend Jahre, Millionen von Jahren, wer weiß?), ist es das Gegenstück zum zehn Kilometer entfernten Wüstenmuseum, das die Erd- und Tiergeschichte der letzten zwei Millionen Jahre nachzeichnet. Die Verbindung zwischen beiden ist die Idee der Konservierung und optimalen Verwaltung von Resten und Rückständen der Vergangenheit im Wüstenmuseum und von antizipierten Überresten der Zukunft in *Biosphäre II*. Und all das, während zugleich der magische Ort der Wüste es ermöglicht, die Frage des Überlebens von Natur und Gattung mit gleicher Strenge zu stellen.

Jener Ozean, jene Savanne, jene Wüste und jener Urwald, die alle in Miniatur nachgebildet und unter ihrer Experimentierkuppel verglast sind, sind eine sehr amerikanische Halluzination. Genau wie das Vorbild der Attraktionen von Disneyland ist *Biosphäre II* kein Experiment, sondern eine experimentelle Attraktion. Am erstaunlichsten ist, daß man mitten in der natürlichen Wüste ein Fragment künstlicher Wüste nachgebaut hat (so als ob man Hollywood in Disneyworld nachbauen würde). In dieser Kunstwüste gibt es aber keine auszurottenden Skorpione oder Indianer, es gibt nur extraterrestrische Wesen, die gerade dort überleben sollen, wo sie eine viel besser an die Umwelt angepaßte Rasse vernichtet haben, ohne ihr irgendeine Chance zu geben.

Alle humanistischen, ökologischen, klimatischen, mikrokosmischen und biogenetischen Ideologien sind hier zusammengefaßt, aber das hat keine Bedeutung – allein die sternengleiche, lichtdurchlässige Form des Bauwerkes hat etwas zu bedeuten – aber was eigentlich? Schwer zu sagen. Wie immer dient der absolute Raum den Ingenieuren als Inspirationsquelle und verleiht einem Projekt Sinn, das keinen hat, es sei denn den Irrsinn der Miniaturisierung der menschlichen Gattung, vielleicht im

Hinblick auf eine spätere Rasse und ihr Auftreten, von dem wir ständig träumen...

Der künstlichen Vermischung von Klimazonen entspricht die künstliche Immunität des Raumes: die Eliminierung jeder spontanen Fortpflanzung (von Keimen, Viren, Mikroben), die automatische Reinigung des Wassers, der Luft und der natürlichen Umgebung (aber auch der geistigen Umwelt, die durch die Wissenschaft »geklärt« wird). Die Eliminierung jeder sexuellen Reproduktion: in Bio II ist die Fortpflanzung verboten, selbst die Ansteckung des Lebewesens ist gefährlich, Sexualität könnte das Experiment verändern. Der Geschlechtsunterschied dient nur noch als formale und statistische Variable (die gleiche Anzahl von Männern und Frauen, wenn jemand ausfällt, wird er oder sie durch eine Person gleichen Geschlechts ersetzt).

Hier ist alles genauso abstrakt konzipiert wie ein Gehirn. *Biosphäre II* ist für die Biosphäre I (die Gesamtheit unseres Planeten und des Alls) das, was das Gehirn für das menschliche Wesen im allgemeinen ist: die Miniatursynthese aller in ihr möglichen Funktionen und Vorgänge: der Wüsten-Bereich, der Urwald-Bereich, der Ernährungs-Bereich, der Wohn-Bereich – all das sorgfältig unterschieden und nach den Erfordernissen der Analyse nebeneinander gestellt. All das ist in Wirklichkeit im Verhältnis zu dem, was man heute vom Gehirn, von der Plastizität, Elastizität und Reversibilität seiner Operationen weiß, völlig veraltet. Hinter diesem archaischen Modellgebilde, hinter seinem futuristischen Aussehen verbirgt sich also ein gigantischer hypothetischer Fehler, eine zwanghafte Idealisierung, die zum Scheitern verurteilt ist.

Die »Wahrheit« dieses Unternehmens liegt tatsächlich woanders. Man spürt sie, wenn man von *Biosphäre II* ins »wirkliche« Amerika zurückkehrt. Das gleiche Gefühl stellt sich ein, wenn man aus Disneyland wieder ins wirkliche Leben hinaustritt: das imaginäre oder experimentelle Modell unterscheidet sich tatsächlich durch nichts vom realen Funktionieren dieser Gesellschaft. So wie ganz Amerika nach dem Vorbild von Disneyland aufgebaut ist, so ist die ganze amerikanische Gesellschaft im Begriff, in Echtzeit und unter offenem Himmel das Experiment von *Biosphäre II* fortzusetzen, das somit nur ein falsches Experiment ist, so wie Disneyland eine falsche Phantasiewelt ist. Recycling aller Substanzen, Integration aller Strömungen und Schaltkreise, keine Umweltverschmutzung, künstliche Immunität, ökologisches Gleichgewicht, kontrollierte Keuschheit und kontrollierte Lust, aber ansonsten das Recht auf das Überleben und die Erhaltung aller Gattungen, nicht nur der pflanzlichen und tierischen, sondern auch der sozialen: das ist die formale Überhöhung aller Arten im Zeichen eines Rechts, das das Ende der natürlichen Auslese absegnet.

Man geht gemeinhin davon aus, daß der besessene Überlebensdrang eine logische Konsequenz des Lebens und des Rechtes auf Leben ist. Aber meistens sind diese beiden Dinge widersprüchlich. Leben ist keine Frage des Rechtes, und bei der Verlängerung des Lebens ist der Tod und nicht das Überleben künstlich. Nur um den Preis eines Mangels an Leben, eines Mangels an Genuß und eines Mangels an Tod ist dem Menschen ein Überleben möglich. Zumindest unter den gegenwärtigen

Bedingungen, die das Prinzip von *Biosphäre II* aufrechterhält.

Dieses Mikro-Universum versucht die Katastrophe zu exorzieren, indem es eine künstliche Synthese aller Voraussetzungen der Katastrophe schafft. Aus der Sicht des Überlebenstrainings, des Recyclings, des Feed-back, der Stabilisierung und der Metastabilisierung werden die Voraussetzungen des Lebens hier denen des Überlebens geopfert (Eliminierung von Keimen, der Krankheit, der Sexualität). Das wirkliche Leben, das trotzdem das Recht zum Sterben hat (oder sollte es doch eine paradoxe Grenze für die Menschenrechte geben?) wird hier dem künstlichen Überleben geopfert. Die angeblich zum Untergang verurteilte wirkliche Erde wird hier von vornherein ihrem verkleinerten, klimatisierten Klon geopfert (wenn man also sagt: alle Klimazonen der Erde werden hier klimatisiert), der den Tod durch totale Simulation überwinden soll. Früher hat man die Toten für die Ewigkeit einbalsamiert, heute werden die Lebenden zu Lebzeiten im Überleben einbalsamiert. Soll man sich das wünschen? Soll man, nach dem Verlust unserer metaphysischen Utopien, diese prophylaktische Utopie schaffen?

Was ist also diese Gattung, die mit dem verrückten Streben zu überleben ausgestattet ist, nicht etwa sich aufgrund ihrer natürlichen Intelligenz selbst zu übertreffen, sondern physisch und biologisch aufgrund ihrer künstlichen Intelligenz zu überleben? Gibt es eine Gattung, die dazu bestimmt ist, der natürlichen Auslese, dem natürlichen Verschwinden, dem schlichten Tod zu entgehen? Aus welchem kosmischen Widerspruchsgeist sollte diese Umkehrung kommen? Aus welcher vitalen

Reaktion sollte die Idee des Überlebens um jeden Preis kommen? Aus welcher metaphysischen Anomalie sollte das Recht nicht zu sterben kommen – dieses logische Gegenstück zur großartigen Möglichkeit der Geburt? Es gibt so etwas wie eine geistige Verirrung in dem Versuch, die Gattung zu verewigen – sie nicht durch ihre Taten unsterblich zu machen, sondern sie in diesem geliften Koma, in diesem gläsernen Sarg der *Biosphäre II* zu verewigen.

Jedenfalls sollte man meinen, daß dieses Experiment – wie jedes Streben nach einem künstlichen Überleben, nach einem künstlichen Paradies – illusorisch ist, und zwar nicht wegen technischen Versagens, sondern vom Prinzip her. Es ist somit ungewollt von den gleichen Fährnissen wie das wirkliche Leben bedroht – glücklicherweise. Hoffen wir, daß die zufallsbestimmte Außenwelt diesen gläsernen Sarg zerbrechen wird. Jeder beliebige Unfall wäre gut, um uns dieser am Tropf hängenden wissenschaftlichen Euphorie zu entreißen.

DIE UNSTERBLICHKEIT

Seltsamerweise entsprechen alle expliziten oder impliziten Vorgaben von *Biosphäre II* den Fragen, die im Mittelalter zur Unsterblichkeit und Wiederauferstehung der Körper gestellt wurden. Damals ging es darum, ob die Körper mit all ihren Organen (auch den Geschlechtsorganen), mit ihren Krankheiten, mit ihren Eigenheiten und mit allem, was sie zu ganz besonderen Lebewesen machte, wiederauferstehen würden. Heute könnte man die Frage dahingehend erweitern, ob wir mit all unseren Begierden, Fehlern, Neurosen, mit unserem Unbewußten und mit unserer Entfremdung wiederauferstehen. Mit unseren Behinderungen, Viren und Wahnvorstellungen. *Biosphäre II* antwortet darauf mit dem Trugbild idealer Wiederauferstehung durch die Eliminierung aller negativen Eigenheiten. Keine Viren, keine Keime, keine Skorpione, keine Fortpflanzung. Alles wird durch Tansparenz, Desinkarnation, Desinfektion und Prophylaxe expurgiert, idealisiert, immunisiert und unsterblich gemacht – genau wie im Paradies. Während die mittelalterlichen Theologen sich dem Ketzereiverdacht aussetzten, wenn sie nach den konkreten Formen der Wiederauferstehung der Körper fragten, geben einem die Leiter von *Biosphäre II* deutlich zu verstehen, daß jede allzu genaue Untersuchung der Voraussetzungen des Experiments nur auf bösen Unterstellungen beruhen könne.

Es geht in der Tat um die Herstellung einer Unsterblichkeit der Gattung *in Echtzeit*. Wir glauben schon lange nicht mehr an die Unsterblichkeit der Seele, an die Unsterblichkeit in aufgeschobener Zeit. Wir glauben nicht mehr an eine Unsterblichkeit, die eine Transzendenz des Endes, eine intensive Besetzung von Finalitäten im Jenseits und einen symbolischen Umgang mit dem Tod voraussetzt. Wir wollen mit allen Mitteln die unmittelbare Verwirklichung der Unsterblichkeit. Wir sind an diesem Jahrtausendende zu Millenaristen geworden – wir wollen, daß das Leben hier und jetzt nicht aufhört, so wie die Millenaristen im Mittelalter das Paradies in Echtzeit haben wollten, das Reich Gottes auf Erden.

Wir wollen diese Unsterblichkeit hic et nunc, das Jenseits des Endes in Echtzeit, *ohne das Problem des Endes gelöst zu haben*. Denn es gibt kein Ende in Echtzeit, keine Echtzeit des Todes. Das wäre absurd. Das Ende wird immer zeitlich verschoben, in einer symbolischen Handlung erlebt. Daraus folgt, daß die Unsterblichkeit in Echtzeit selber eine *Absurdität* ist (im Gegensatz zur ersehnten Unsterblichkeit: sie wäre eine *Illusion*). *Biosphäre II* ist absurd. Aber das Problem ist viel allgemeiner. Denn im Grunde *findet nichts in Echtzeit statt*. Nicht einmal die Geschichte. Geschichte in Echtzeit ist CNN, ist direkte Information, also das genaue Gegenteil von Geschichte. Aber das ist unser Phantasma von der Überschreitung des Endes, von der Loslösung aus der Zeit. Und der CNN-Sprecher, der in seinem Studio im virtuellen Mittelpunkt der Welt eingeschlossen ist, ist das Pendant zu seinen Brüdern und Schwestern von Bio II – sie alle sind in die Echtzeit übergegangen, der eine in die Echtzeit von Ereignissen, die anderen in das Überleben in Echtzeit. Und sie sind in die gleiche Irrealität übergegangen.

Weil das Problem des Endes nicht gelöst werden konnte (da es schlichtweg unlösbar ist), hat der Mensch sich dem Anfang zugewandt. Man ist gewissermaßen von einer Betrachtung der Endbedingungen zu einer Betrachtung der Anfangsbedingungen übergegangen, von einer Betrachtung in Begriffen der Finalität zu einer Betrachtung in Begriffen der Genese. Zwar nicht im Sinne der biblischen Genesis, aber doch im Sinne einer Determination durch den Ursprung, einer Verkettung und genetischen Manipulation aller Dinge. Gegenüber der Illusion des Endes und der Endzwecke ist die Wahrheit zur Wahrheit dessen geworden, was vorausgeht. Die Illusion des Endes weicht der Illusion der Ursache. In dieser Perspektive gibt es für eine finale Vorstellung von Unsterblichkeit keinen Platz mehr. Wir können die Unsterblichkeit der Seele oder der Sterne nicht mehr so begreifen, wie Kepler sie zwangsläufig begreifen mußte. Für ihn war Finalität reine Evidenz, für uns ist das Gegenteil evident.

In einer genetischen Ordnung oder in einer zufallsbedingten Unordnung, wie der unsrigen, gibt es für den Gedanken an das Ende – welches auch immer – keinen Platz mehr. Es ist kein Ende vorstellbar, nicht einmal das der Geschichte. Dadurch werden wir darauf reduziert, jenseits des Endes eine technische Unsterblichkeit zu schaffen, ohne den Tod durchgemacht zu haben, ohne einen symbolischen Umgang mit dem Ende.

Unsterblichkeit läßt sich ganz klar nur in einem stabilen und unveränderlichen Universum konzipieren. In einem Universum, in dem ein Gott die Ewigkeit der kosmischen Ordnung gewährleistet; in Keplers Universum ist die Unsterblichkeit so etwas wie eine natürliche Eigenschaft des menschlichen Mikrokosmos – also nur die logische

Fortsetzung der Kontinuität einer Ordnung. Das Universum kann sich nicht verändern, da alles auf dem Ratschluß einer höheren Instanz beruht. Wenn aber diese Ordnung Risse bekommt, wenn diese Transzendenz verloren geht, dann wird die kosmische Ordnung ebenso wie die menschliche Ordnung, die sich von Gott und jeder Finalität befreit hat, veränderbar und instabil, sie ist der Entropie, dem endgültigen Energieverfall und dem Tod ausgesetzt. Schluß mit der Gewißheit von Ewigkeit und Unsterblichkeit. Das Problem des Endes wird entscheidend und unlösbar. Es wird kein Ende mehr geben. Man kommt in einen Zustand radikaler Unbestimmtheit. Denn die transzendente Finalität geht nicht nur verloren, sie wendet sich auch gegen sich selbst, sie wird ein einziger Krampf, zerrüttet sogar die Ursachen und den Lauf der Dinge. Auch wenn wir uns bemühen, das Problem des Endes zu vergessen oder es durch künstliche technische Lösungen zu umgehen – das Ende selber vergißt uns nicht.

Wenn es eine finale Vorstellung von Leben und Tod gibt, dann sind Seele, Jenseits, Unsterblichkeit und die Welt gegeben und man braucht nicht an sie zu glauben. Glaubt ihr an das, was da ist? Nein, denn wohlgemerkt: es ist da, man braucht nicht daran zu glauben. Das ist wie mit Gott. Glaubt ihr an Gott? Nein, denn wohlgemerkt: Gott existiert, aber ich glaube nicht an ihn. Zu wetten, daß Gott existiert, und an ihn zu glauben, oder aber daß Gott nicht existiert, und nicht an ihn zu glauben, ist eine solche Banalität, daß man bereits am Sinn der Frage zweifeln könnte. Während die beiden Annahmen: Gott existiert, aber ich glaube nicht an ihn – oder: Gott existiert nicht, aber ich glaube an ihn – paradoxerweise suggerieren, daß man, wenn Gott existiert, nicht an ihn zu glauben braucht, und daß es notwendig ist, an ihn zu glauben, wenn er nicht existiert. Wenn es etwas nicht gibt, muß man daran glauben. Der Glaube ist kein Widerschein der Existenz, sondern *tritt an die Stelle der Existenz*, so wie die Sprache kein Abglanz des Sinns ist, sondern an der Stelle des Sinns tritt.

An Gott zu glauben, bedeutet also seine Existenz, Evidenz und Präsenz zu bezweifeln. Man muß sich um ihn bemühen, ihn erzeugen, ihn subjektiv bezeugen – oder hätte er unser Zeugnis nötig, wenn es ihn gäbe? Das würde ja bedeuten, daß Gott nur durch seelische Regungen existiert, und damit wäre man nicht weit von Blasphemie entfernt. Der Glaube ist in der Tat eine Seelenregung, die von der tiefsten Ungewißheit zeugt, was die Existenz Gottes betrifft (und so ist es auch mit allen Kardinaltugenden: Hoffnung ist eine Seelenregung, die von der tiefsten Hoffnungslosigkeit zeugt, was den wirklichen Stand der Dinge betrifft, und Mitleid ist eine Seelenregung, die von der tiefsten Verachtung anderer zeugt).

Der Glaube ist so überflüssig wie die Rache, von der Canetti sagt, daß sie durch die unerbittliche Umkehrbarkeit der Dinge unnütz geworden sei. So wie die Leidenschaft eine unnütze Ergänzung der natürlichen Anziehungskraft unter den Lebewesen ist – so wie man es auch von der Wahrheit sagen kann, die unnützerweise die Erscheinungen nur komplizierter macht. So macht der Glaube die Frage nach der Existenz oder Inexistenz Gottes unnützerweise nur komplizierter. Gott glaubt, falls es ihn gibt, nicht an seine Existenz, sondern läßt das

Subjekt daran glauben, und zwar glauben, daß es daran glaubt, oder er läßt es nicht daran glauben, aber er läßt es nicht glauben, daß es nicht glaubt (Stavrogin). Dieses unerforschliche Labyrinth des Glaubens löst sich heute durch das Verschwinden schon des Begriffes von Realität auf. Heute geht es nicht mehr darum, an die Bilder, die vor unseren Augen vorbeiziehen, zu glauben oder nicht. Wir nehmen unterschiedslos die Realität und die Zeichen wahr, ohne daran zu glauben. Das ist nicht einmal ein Unglaube: unsere Bilder durchlaufen ganz einfach unsere Gehirnmasse, ohne über das Feld »Glaube« zu gehen, so wie wir den politischen Raum durchqueren, ohne über das Feld »Repräsentation« zu gehen. Wir spiegeln nur die Illusion des Politischen wider, so wie die Information nur die Medienillusion von Ereignissen widerspiegelt (sie glaubt nicht einmal selbst daran), so wie ein Spiegel nur unser Bild widerspiegelt, ohne daran zu glauben.

Was die Glaubwürdigkeit betrifft, die an die Stelle des Glaubens getreten ist, so bezieht sie sich auf das Objekt und nicht auf das Subjekt. Das Objekt ist glaubwürdig. Beziehungsweise: während der Glaube noch ein (imaginäres) Verhältnis von Subjekt und Objekt voraussetzt, setzt die Glaubwürdigkeit nur ein Verhältnis des Objekts zum Code voraus. Diese Wende ist wichtig, denn sie spiegelt die der Unsterblichkeit wider, die sich für uns heute nicht mehr auf das Subjekt bezieht, sondern auf den biologischen Prozeß.

Wenn Unsterblichkeit zum Glaubensgegenstand wird, wenn Gott, die Seele, das Jenseits und die Wiederauferstehung aufhören, eine radikale Illusion zu sein, um zum Glaubensgegenstand zu werden, dann werden sie gleichzeitig zum Gegenstand philosophischer Kritik. Diese wendet sich nicht gegen die radikale Illusion, sondern gegen eine Vorstellung und gegen einen Glauben, das heißt, gegen ein Verhältnis, das bereits durch seine Zweideutigkeit abgeschwächt worden ist. Weil der Glaube selber unglaubwürdig ist, wird er zur Zielscheibe der philosophischen Kritik (deshalb ist für uns auch die Kritik des Begriffes des Glaubens im Wesentlichen beendet, so wie Marx von der Religion sagte; man muß sich an die radikale Illusion oder an die radikale Gleichgültigkeit halten, indem man die Zwischenformen des Glaubens eliminiert).

In *Gedanken über Tod und Unsterblichkeit* versucht Feuerbach eine Dekonstruktion des ganzen religiösen Gebildes des Jenseits, der Unsterblichkeit der Seele und der Wiederauferstehung. Diese Befreiung von allem Aberglauben bedeutet eine Rückeroberung des verlorenen Gehalts der Religion durch den Menschen. Aber was macht der Mensch, wenn er von jedem Glauben befreit ist? Entweder er vollendet sich auf egoistische Weise entsprechend dem engstirnigen und souveränen Individualismus (Stirner) oder er verwirklicht sich kollektiv durch einen langen geschichtlichen Weg, wie bei Marx, oder aber bewegt sich durch eine Umwertung der Werte der Gattung auf das Übermenschliche zu – das ist der von Nietzsche entworfene Weg, demzufolge die menschliche Gattung nicht sich selbst überlassen werden kann, sie muß über sich selbst hinaus blicken und zur großen Metamorphose des Werdens zurückfinden.

All diese Überlegungen haben tiefgreifende Folgen für unsere Welt gehabt – und keine ist Wirklichkeit geworden. Sie alle streben eine ideale Verklärung an, sie alle schreiben dem emanzipierten Menschengeschlecht eine souveräne Finalität zu, ein Jenseits, das nicht mehr das Jenseits der Religion ist, sondern ein Jenseits des Menschlichen im Menschlichen, eine Überschreitung seiner eigenen Lebensbedingungen, eine Transzendenz, die aus seinen eigenen Kräften kommt, was vielleicht eine Illusion ist, aber eine höhere Illusion.

Nietzsche hat sehr schön von der lebenswichtigen Illusion gesprochen, nicht von der der Hinterwelten, sondern von der Illusion des Scheins, der Illusion der Formen des Werdens, der des Schleiers, aller Schleier, die uns glücklicherweise vor der objektiven Illusion schützen, vor der Illusion der Wahrheit, der Transparenz der Welt für eine objektive Wahrheit, der Transparenz des Menschen für seine eigene Wahrheit. Darin liegt die Sinn-Illusion, die der Mensch sich macht, wenn er sich für das Subjekt der Welt und der Geschichte hält. Dagegen kann man nur *die Illusion der Welt selbst* setzen, deren sicherlich geheimnisvolle und willkürliche Regeln allerdings immanent und notwendig sind. Im Gegensatz zur transzendenten Illusion der Religionen ist das Spiel des Scheins übermenschlich, das heißt, die menschliche Gattung kann die Souveränität nur durch eine Umwertung der Werte erreichen, sonst bleibt sie jedem Aberglauben ausgeliefert, darin eingeschlossen, dem moderneren der Psychologie und der Technik, darin eingeschlossen den Aberglauben an sich selbst als ultimative Gattung. Unsterblich nicht durch bedeutende Taten, sondern endgültig durch die Meisterung des Überlebens, durch den Technikfetischismus, durch eine Zähmung ihrer selbst, die nur eine Parodie der Schicksalsergebenheit ist, und durch eine biologische Manipulation, die nur eine Karikatur der Umwertung der Werte ist.

Es ist müßig zu sagen, daß diese Umwertung der Werte im Sinne Nietzsches nicht stattgefunden hat, es sei denn genau im umgekehrten Sinne, *nicht jenseits, sondern diesseits von Gut und Böse*, nicht jenseits, sondern diesseits von Wahr und Falsch, Schön und Häßlich, etc. Eine Umwertung, die sich zur Unterschiedslosigkeit, zur Ununterscheidbarkeit von Werten zurückwendet, die ihrerseits in einer Ästhetik der Pluralität, der Differenz etc. fetischisiert wird. Eine Fetischisierung nicht mehr von Gottheiten, großen Ideen oder Erzählungen von großen Taten, sondern von minimalen Unterschieden und Kleinigkeiten. Weil der Fetischismus radikal geworden ist, ist er minimal und molekular geworden, ist er nicht mehr ein Fetischismus der *Form*, sondern der schlichten *Formel* der unterbewußten, untermenschlichen Formel. Die Grenzen zwischen Menschlichem und Unmenschlichem verwischen sich, nicht etwa in Richtung des Übermenschlichen – sondern in Richtung des Untermenschlichen, im Sinne eines Verschwindens sogar der symbolischen Besonderheiten der Gattung. *Verklärung des Untermenschen* [dt. i. Org.].

Anstelle einer Umwertung oder Transmutation erleben wir eine Transkription der Idee (z. B. der Unsterblichkeit) in ihre technische Operation, eine Transkription sogar der menschlichen Gattung in eine unsterbliche und künstliche Gattung, die ihr generisches und genetisches Überleben mit allen Mitteln sichert. Was Nietzsche in gewisser

Weise recht gibt: die sich selbst überlassene Gattung kann sich nur vermehren oder vernichten.

Nicht nur durch Zerstörung ihrer Umwelt und ihrer biologischen Grundlage, sondern durch die Zerstörung ihres symbolischen Raumes und insbesondere jeder lebenswichtigen Illusion, der Illusion des Scheins, der Ideen, Träume, Utopien und Ideenprojektionen, aber auch der von Konzepten und Vorstellungen, wie der vom Tod und vom Körper, die immer mehr verschwindet – und zwar durch die direkte Realisierung all dessen anstelle seiner symbolischen Umsetzung. Zerstörung durch gnadenlose Aktualisierung von allem, was bis heute nur Traum, Mythos, Ideal und Schein war und was, ob es nun zu überdauern bestimmt ist oder nicht, Bestandteil des symbolischen Gleichgewichts von Leben und Tod war.

Diese Entdifferenzierung von Menschlichem und Unmenschlichem, dieses Aufgehen der Metapher des Lebenden in der Metastase des Überlebenden, geschieht durch die zunehmende Reduktion auf den kleinsten gemeinsamen Nenner. Auf der Ebene von Genen, Genomen und des genetischen Erbes verwischen sich die Unterscheidungsmerkmale des Menschlichen; jedenfalls haben sie keinen symbolischen Wert mehr, sondern nur noch eine funktionale Bestimmung. Es gibt keine Verklärung und keine Metapher mehr: die Unsterblichkeit geht auf die Seite des (biologischen, genetischen) Codes über, dem einzigen Indiz für Unsterblichkeit, das übrigbleibt, der einzigen Eigenart, die sich in der lebenden Materie unsterblich macht. Das ist die beständige Bewegung des Codes, die metonymische Ewigkeit der Zellen. Überall hat die Generierung durch die algebraische, genetische Formel das Spiel und das Schicksal von Formen ersetzt. Am Schlimmsten ist, daß die durch die Formel generierten Lebewesen ihre eigene Formel nicht überleben und somit von vornherein lebende Tote sind.

Paradoxerweise ist es das Auftreten der Biologie, das heißt der Wissenschaft vom Lebenden, was diesen Hereinbruch des Nichtlebenden und das Ende der Transzendenz des Lebenden zugunsten des Nichtlebenden kennzeichnet. So wie das Auftreten der Psychologie das Ende der Transzendenz der Seele zugunsten einer analytischen Zerlegung des inneren Universums kennzeichnet. So wie das Auftreten der Anatomie das Ende des Körpers und des Todes als Metapher und seinen Auftritt als biologische Realität und Fatalität kennzeichnet. Ich sage mit Bedacht »Auftritt«, Auftritt auf der Bühne der objektiven Wahrheit, wo sich die *Konfusion aus Mangel* an Menschlichem und Unmenschlichem, an Lebendem und Nichtlebendem, an Geschlechtlichem und Geschlechtslosem abspielt. Während auf der anderen Bühne, der Bühne der Illusion und der Formen, die sich radikal von der Bühne der objektiven Wahrheit unterscheidet, sich die *Verklärung durch eine Übertreibung* des Menschlichen durch das Unmenschliche, des Lebenden durch das Nichtlebende, des Geschlechtlichen durch das Geschlechtlose abspielt.

Der ursprüngliche Humanismus der Aufklärung gründet auf den Eigenschaften des Menschen, auf seinen Tugenden, seinen natürlichen Gaben und seinem Wesen, welche mit seinem Recht auf Freiheit und auf die Ausübung dieser Freiheit verbunden sind. Der heutige

Humanismus ist, so wie er in der neuen Erweiterung der Menschenrechte verankert wird, vor allem mit der Erhaltung des Individuums und des Menschen als Gattung verbunden (im einen Fall ist Unsterblichkeit eine Tugend, im anderen ist sie nur ein Recht auf Erhaltung). Und somit werden die Rechte des Menschen problematisch, da sie die Frage der möglichen Rechte anderer Gattungen, der Natur etc. aufwerfen, gegenüber denen sie definiert werden müssen. Oder gibt es sogar ein Recht der Menschheit auf ihr eigenes Genom? Was bedeutet für eine Gattung das Recht auf ihre eigene genetische Definition und somit auf eine eventuelle genetische Umwandlung? Wir haben 98% unserer Gene mit den Affen und 90% mit den Mäusen gemeinsam. Welches Recht ist mit diesem gemeinsamen Erbe verbunden? Andererseits hat es den Anschein, daß 90% der Gene des menschlichen Genoms zu nichts nütze sind. Sollen wir auf diesen blinden und offenbar bestimmungslosen Anteil Anspruch erheben? Seitdem das Menschliche nicht mehr in den Begriffen von Freiheit und Transzendenz definiert wird, sondern in Genbegriffen, ist die Definition des Menschen und somit auch des Humanismus dahin.

Die Demarkationslinie des Menschen wird in dem Maße immer verschwommener, wie man ins Biologische und die molekularen Arkanbereiche der Biosphäre eintaucht. War der westliche Humanismus seit dem 16. Jahrhundert vom Eindringen anderer Kulturen bedroht, so wird heute nicht nur die Verriegelung einer Kultur aufgebrochen, sondern auch die der Gattung. Anthropologische Deregulierung. Und gleichzeitig eine Deregulierung der Ethik und aller moralischen, juristischen und symbolischen Regeln des Humanismus.

Mit dem Geniestreich der Genetik verflüchtigt sich die virtuelle Transzendenz des Menschen, die nichts mit seinem Körper zu tun hat. Die Determination (oder vielmehr die Indetermination) wird bei der Einschreibung des Genoms und durch seine Manipulation immanent. Kann man im Zusammenhang mit den Automaten, Hybriden und Klonen, die die menschliche Gattung ablösen sollen, noch von Seele und Bewußtsein sprechen? Kann man im Zusammenhang mit der genetischen Definition des Menschen überhaupt noch von einem Unbewußten sprechen? Selbst die Freud so liebe Unsterblichkeit des Unbewußten ist ernsthaft bedroht. Nicht nur das individuelle ontogenetische Kapital, sondern auch das phylogenetische Kapital der Gattung wird durch diese Auflösung der Grenzen des Menschlichen bedroht, und zwar nicht durch ihre Auflösung ins Göttliche, sondern ins Unmenschliche, und übrigens nicht einmal mehr ins Unmenschliche, sondern in irgend etwas, das diesseits des Menschlichen und Unmenschlichen liegt, in die genetische Simulierung des Lebewesens.

Die Götter, die Seele, die Unsterblichkeit, all das, was als Aberglaube oder Fetischismus bezeichnet wird, war noch eine spirituelle, metaphorische Extrapolation der menschlichen Fähigkeiten, darin eingeschlossen der Körper als Metapher der Wiederauferstehung. Das waren zwar Kunstgebilde, aber sie waren immateriell und enthielten eine projektive Kraft, sowie das Vermögen zur Illusion und zum Spiel mit der Illusion. Mit der Biologie und der Genetik sind wir dagegen in reiner Materialität gelandet, in der materiellen Simulation von Wesen, die objektiv unsterblich sind, da sie aus Atombausteinen und aus einem zeitlosen genetischen Code zusammengesetzt sind. Es geht nicht mehr um die Künstlichkeit eines aufgeschobenen Endes, sondern um die einer Prothese – ein *buchstäblicher* Fetischismus in dem Sinne, daß er ein Fetischismus des buchstäblich Gleichen und seiner Reproduktion ist. Es geht nicht mehr um eine imaginäre Prothese, um den Aberglauben an eine überzeitliche Seele, sondern um eine materielle Prothese – um eine Simulation, die viel zerstörerischer als die Illusion der Seele ist.

Somit wird die Illusion des Körpers selbst und das Spiel der körperlichen Erscheinungen in der Simulation von lebenden Funktionen zerstört, der Schein wird durch die genetische Transkription aufgelöst. Eine weitere lebenswichtige Illusion verschwindet: die des Denkens, die durch die Instrumentalisierung geistiger Fähigkeiten und durch die Fetischisierung der künstlichen Intelligenz abgeschafft wird.

Es gibt mehrere Formen des Todes: eine differenzierte, duellhafte, tragische Form, die im Schicksal der höheren Säugetiere mit Sexualität verbunden ist – gewissermaßen eine sexuierte Form des Todes. Und es gibt die asexuierte, differenzlose Form – das rezessive Stadium, das auf das molekulare und einzellige Stadium der Lebewesen verweist, auf ihr umstandsloses Verschwinden ohne irgendeine Form von Schicksal.

In den Konzentrationslagern wurde, mehr noch als das Leben, der Tod vernichtet. Den Häftlingen wurde dort ihr Tod genommen – sie waren toter als tot, verschwunden. Aber man kann den Tod auch vernichten, indem man *unzerstörbare Lebensprozesse* schafft. Und genau das machen wir, wenn wir versuchen, die Unsterblichkeit mit anatomischen, biologischen und genetischen Prozessen einzufangen. Die Lebensprozesse, die durch eine endgültige Verselbständigung vieler Funktionen oder durch eine Reduktion auf die kleinsten Einheiten auf ihre differenzlosen Formen zurechtgestutzt werden, werden unzerstörbar, und durch den automatischen Ablauf dieser Prozesse vernichten wir ganz nebenbei auch den Tod.

Freud hat mit dieser Form des unsterblichen Lebens, mit dieser Sehnsucht nach einer reinen Kontiguität des Lebewesens und mit seiner molekularen Verkettung den Todestrieb verbunden. Und dieser Art von Unsterblichkeit sind wir heute durch das Fehlen eines Schicksals, durch die negative Unsterblichkeit dessen, was kein Ende nehmen kann und sich somit unendlich reproduziert, ausgeliefert.

Früher hielt sich der Mensch für unsterblich, aber er war es nicht. Beziehungsweise, insgeheim zweifelte er daran, unsterblich zu sein, sonst hätte er nicht daran glauben müssen. Heute glauben wir nicht mehr, daß wir unsterblich sind, aber gerade jetzt sind wir dabei, es zu werden. Wir werden unmerklich unsterblich, ohne es zu wissen, zu wollen und zu glauben, weil die Grenzen zwischen Leben und Tod verschwimmen. Unsterblich nicht als Seele, die verschwunden ist, und auch nicht als Körper, der dabei ist zu verschwinden, sondern als Formel, als Code. Es handelt sich also um Wesen, für die es bald keinen Tod und keine Vorstellung vom Tod mehr geben wird, ja nicht einmal mehr, und das ist das Schlimmste, die Illusion des Todes.

Nach der klassischen, auratischen Auffassung ist Unsterblichkeit die Qualität dessen, was über den Tod hinausgeht, die Eigenschaft dessen, was über-lebt. In ihrer gegenwärtigen Fassung ist sie eine Qualität des Überlebenden, das heißt desjenigen, der bereits tot ist und der aus diesem Grunde unsterblich wird, wenn auch nicht mehr in der gleichen Weise. Es handelt sich nicht mehr um eine fatale, sondern um eine banale Eigenschaft desjenigen, der nicht mehr vom Sterben bedroht ist, da er bereits tot ist. Also um eine Eigenschaft desjenigen, der kein Ende mehr hat, da er bereits über sein eigenes Ende, über seine eigenen Möglichkeiten hinausgegangen ist, sozusagen in eine Hypertelie oder in einen Zustand nach dem Koma.

Diese Unsterblichkeit ist das Schlimmste aller Schicksale, denn der Tod war die schönste Errungenschaft des Menschen – der subjektive Tod, der dramatisierte Tod, der ritualisierte und festlich begangene Tod, der gesuchte und gewünschte Tod: durch ihn unterscheidet sich der Mensch von allen anderen Gattungen von Lebewesen, die mit einer natürlichen Unsterblichkeit ausgestattet sind, welche sie übrigens mit den Göttern teilen, deren unsterbliche Gestalt zunächst tierisch ist.

Es stellt sich die Frage, ob wir dabei sind, durch die Preisgabe des Todes jenseits aller religiösen und geistigen Veränderungen, jenseits jeden Glaubens zu dieser primären Unsterblichkeit zurückzukehren. Sind wir nicht dabei, durch all unsere Techniken zu einer faktischen (klonischen, metastatischen) Ewigkeit zurückzukehren, die früher das Schicksal des Unmenschlichen war? Anstatt sich in einer Nachwelt zu entfalten, die immerhin noch den Vorteil hatte, *eine andere Welt* zu sein, entwikkelt sich diese funktionale Unsterblichkeit ganz einfach in dieser, unserer Welt, die somit zu unserer Nachwelt geworden ist. Das Verschwinden der Grenzen zwischen Menschlichem und Unmenschlichem, zwischen Leben und Tod hat unsere Welt selber zu einer Nachwelt gemacht – die nunmehr endgültig ist, da es keine Alternative in einer realen Welt mehr gibt, da sie die reale Welt *ist*. Sie ist zum Ort des totalen Aberglaubens geworden.

WIE KANN MAN ÜBER SEINEN SCHATTEN SPRINGEN, WENN MAN KEINEN MEHR HAT?

Dieser Drang zur Unsterblichkeit, zu einer endgültigen Unsterblichkeit kreist um einen einzigartigen Wahn – den Wahn dessen, der sein Ziel erreicht hat. Ein Identitätswahn, der Wahn der Übersättigung, der Überfülle und Vervollständigung. Auch ein Vollkommenheitswahn. Die tödliche Illusion der Perfektionierung etwa von Gegenständen, deren Verschleiß, Tod und Altern durch die Technik beseitigt wurde. Die Compact Disc. Sie nutzt sich nicht ab, selbst wenn man sie benutzt. Das ist schrecklich. Als ob man sie niemals benutzt hätte. Als ob man selber gar nicht da wäre. Wenn Gegenstände durch eure Berührung nicht altern, dann seid ihr tot.

Man kann diesen Wahn ironischerweise nicht besser als durch die Geschichte des Menschen illustrieren, der mit dem Regenschirm unter dem Arm durch den Regen geht. Als man ihn fragt, warum er den Schirm nicht aufspannt, antwortet er: »Ich mag es nicht, bis an die Grenzen meiner Möglichkeiten zu gehen.« Alles ist da. Bis an die Grenzen seiner Möglichkeiten zu gehen, ist der absolute Widersinn. Es bedeutet in die Unsterblichkeit einzugehen, allerdings in die der Aufrechnung, der Addition und Wiederholung seiner selbst. Paradoxerweise ist, bis an die Grenzen seiner Möglichkeiten zu gehen, das Gegenteil davon, ein Ende machen zu können. Seine eigenen Grenzen zu besetzen, bedeutet, nicht mehr über das Ende zu verfügen: die Abschaffung des Todes als Lebenshorizont. Es bedeutet, seinen Schatten zu verlieren. Es bedeutet, daß man ihn nicht mehr überspringen kann. Wie soll man über seinen Schatten springen, wenn man keinen mehr hat? Anders gesagt, wenn man leben will, ist es verboten, bis an die Grenzen seiner Möglichkeiten zu gehen.

Allerdings ist das das Ideal, das heute allerorten angepriesen wird. Man soll die Techniken der Maximalisierung seiner selbst nutzen und der Erpressung zur Leistung und der bedingungslosen Realisierung des menschlichen Wesens als Programm folgen. Eine Programmierung aller genetischen, biologischen, beruflichen und existentiellen Varianten des Individuums. Bis an die Grenze der Software gehen, die Magnetbänder vollknallen! Durch das schlichte Vergessen der Formel zum Aufhören wird eine faktische Unsterblichkeit erreicht. Eine horizontale Unsterblichkeit durch Beschleunigung und Trägheit, durch Ausschöpfung der Möglichkeiten, bei der der vertikale Einschnitt des Todes nicht mehr interveniert. Das ist noch illusionärer als die transzendenten Formen der Unsterblichkeit, da sie alle Zeichen der materiellen Effektivität aufweist.

Die Natur bietet uns allerdings ein umgekehrtes Beispiel, indem sie etwa zwei Drittel des menschlichen Genoms brachliegen läßt. Man fragt sich, wozu diese unnützen Gene dienen könnten und warum man sie mit aller Gewalt entziffern sollte. Und wenn sie nur da wären, weil ein Spielraum notwendig ist? Wenn alle Gene eine Funktion hätten, könnte nichts verschwendet werden und man würde sich einer totalen Definition nähern. Vielleicht hat die Natur diesen Schattenbereich eingerichtet, um einer solchen Katastrophe vorzubeugen. Das Gleiche gilt für die Sprache: die frei flottierende Signifikantenmasse sorgt dafür, daß die Sprache nicht an die Grenzen ihrer Möglichkeiten kommt, sie hindert den Menschen daran, alles auszudrücken und sie hindert die Welt daran, alles zu bezeichnen, alles bis zum letzten I-Tüpfelchen zu bezeichnen. Eben das wird heute von den Computertechniken, von der Künstlichen Intelligenz etc. angestrebt: alle Neuronen, alle möglichen Bedeutungen mobilisieren, und gleichzeitig alle Spielräume, alle leeren Zwischenräume eingrenzen. Schon die Physik selber geht in die Richtung der Reduktion dieses leeren Zwischenraums. Sie träumt von einer totalen Konkretion der Materie und will ihr all ihre Energie entreißen, indem sie sie zur größtmöglichen künstlichen und ungeheuerlichen Verdichtung treibt.

Denn was soll diese Geschichte mit dem »bis an die Grenze seiner selbst gehen«, »all seine Möglichkeiten ausschöpfen«, »die Grenze erreichen«? Dieses Todesphantasma läßt keine andere Alternative als Niedergang und Zusammenbruch. Das ist eine Strategie von Armen, die über so wenig Mittel verfügen, daß sie gezwungen sind, sie bis zum äußersten auszunutzen. Sich selbst gegenüber ist das eine ausbeuterische Politik, die man keinem anderen zumuten würde. Eine Kultur der Knechtschaft, die keines Anderen bedarf, da jeder sich als Unterdrücker an die Stelle des anderen setzt. Der Gipfel der freiwilligen Knechtschaft. Was kann uns vor diesem wahnsinnigen Wettstreit um die Grenzen schützen, vor diesem Bestreben, den Horizont als beständige Fluchtlinie abzuschaffen, als virtuelle Linie, die virtuell bleiben muß, die wir aber heute gerade überschreiten – in Richtung jenes »Horizonts von Ereignissen«, jenseits dessen nichts geschieht, nichts mehr Sinn hat und wo das Licht nicht mehr ausgeht?

Auch der intellektuelle Bereich selbst funktioniert wie eine Mehrfelderwirtschaft: in ihm liegt immer etwas brach. Er hat eine tödliche Furcht davor, alle Möglichkeiten auszuschöpfen. Durch das Denken werden Ideen gebremst, die von sich aus dazu neigen, sich uneingeschränkt zu entfalten und den gesamten Raum zu besetzen. Die Ideen wuchern wie Polypen oder Algen und sterben, indem sie an ihrem üppigen Wachstum ersticken. Für Ideen gibt es einen Horizont, so wie es einen Horizont für Ereignisse gibt: nämlich den ihrer tödlichen Vollendung, den ihrer bedingungslosen Realisierung. Das Denken geht ins Leere.

Auch die Geschichte ist bis an die Grenzen ihrer Möglichkeiten gegangen. Deshalb kann sie sich nur zurückwenden oder wiederholen. Sie hat es nicht geschafft, im Leeren zu verschwinden. Sie kann kein Ende finden und läßt nur Raum für eine negative Unsterblichkeit.

Das Gleiche gilt für das Soziale: man wollte alles Soziale extrahieren, alles Soziale ausformulieren, dem Sozialen sein ganzes Geheimnis entreißen – man wollte es *realisieren*, indem man ihm jede metaphorische Dimension entzog. Das bedeutete seinen Tod durch Zerfließen, durch eine Verwässerung im Realen, durch Erlöschen seiner Idee im Realen.

Es ist überall absolut widersinnig, das Reale, die *wirkliche* Unsterblichkeit, die Realität des Sozialen erreichen zu wollen. Überall verweist das Ende der Metapher und die bedingungslose Realisierung aller Metaphern auf das Verschwinden der Idee und die Ablehnung des Todes in einer tödlichen Vollendung.

Für diese Abtötung der Metapher, des Traumes, der Illusion, der Utopie durch ihre bedingungslose Verwirklichung, jeder Idee und jeder Transzendenz durch ihre materielle Ausführung, führt Canetti das überzeugende Beispiel der Atombombe an. Er sagt, daß die Menschen mit Hiroschima und dem Abwurf der Atombombe die Sonne entthront haben, indem sie ihre Energie eingefangen und auf der Erde materialisiert haben. Sie haben der Illusion der Sonne und ihrem Mythos ein Ende gemacht, indem sie die Gewalt ihres Lichtes nachgeahmt und diese Gewalt auf der Erde radikal materialisiert haben.

Das Reale ist zwar die äußerste Möglichkeit der Metapher, aber sie darf es nicht vollenden, sonst droht der Tod, sonst verliert sie ihre metaphorische Kraft, ihr Illusionsvermögen. Wie in der oben erzählten Geschichte muß man seinen Regenschirm unter dem Arm tragen – eine Metapher für die letzte Chance – und darf ihn unter keinen Umständen aufspannen. Adorno sagt, »daß schließlich aller Rausch inmitten der Versagungen lieber unterbleibt, als durch Verwirklichung an seinem Begriff zu freveln«.

Einer der Aspekte dieses Realisierungswahns ist der Übergang zum Universellen, den man im allgemeinen für einen Fortschritt hält – er ist gewissermaßen das Äquivalent für die Ausdehnung der Unsterblichkeit in die Zeit. Diese Ausdehnung entspricht einer Verwässerung und Schwächung der Werte ins Universelle. Das gilt auch für die Ereignisse, deren weltweite Verbreitung ihrer immer mehr abnehmenden Intensität und ihrem immer schnelleren Veralten entspricht. Die Universalisierung von

Fakten, Daten, Kenntnissen und Informationen ist eine Vorstufe für ihr Verschwinden. Jede Idee, jede Kultur wird universell, bevor sie verschwindet. Wie bei den Sternen: ihre maximale Ausdehnung entspricht ihrer Agonie, ihrer Umwandlung in einen rotglühenden Riesen und dann in einen schwarzen Zwerg. Eine Agonie von konzentrierten Lösungen in starker Verwässerung, eine Agonie von Formen und Bildern in hoher Auflösung. Dieses Ende von Kulturen ist im Inneren nicht spürbar. Von innen her gesehen, ist eine Kultur unsterblich, scheint sie sich nur in einer asymptotischen Kurve ihrem Ende zu nähern. Obwohl sie tatsächlich bereits verschwunden ist. Die Universalisierung eines Wertes ist das Vorspiel für seine Transparenz, die ihrerseits ein Vorspiel für sein Verschwinden ist.

Von da an ist es unnütz, das Universelle anzustreben, es ist unnütz die Gipfel anzustreben, da es keine Gipfel mehr gibt. Die Erosion hat ihr Werk getan. Wenn keine Transzendenzphilosophie mehr möglich ist, da das Denken auf die andere Seite des Spiegels wechselt, dann ist erst recht keine Eroberung der Macht mehr möglich, da das Politische auf die andere Seite der Repräsentation übergegangen ist. Weder im politischen Bereich noch anderswo gibt es noch einen Gipfel zu stürmen, und unser modernes Äquivalent für den Annapurna im Himalaja und für Ein-Mann-Weltumsegelungen sind posthume Phantasien.

Das ist genauso unmöglich, wie über seinen Schatten zu springen, wenn man keinen mehr hat. Dieser metaphysische Sprung liegt außerhalb unserer Reichweite. Peter Schlemihl konnte seinen Schatten noch an den Teufel verkaufen – wir haben unseren ganz einfach verloren. Denn wir sind in der Zwischenzeit völlig durchsichtig geworden. Beziehungsweise, es gibt nicht einmal mehr eine Lichtquelle oder einen Brennpunkt, der so hell wäre, daß wir eine Schatten werfen könnten. Der einzige Schatten, der auf die Mauer der Gegenwart projiziert wird, kommt durch radioaktive Strahlung zustande. Die schablonenartigen Silhouetten, die durch die Explosion von Hiroshima zustande kamen.[5] Der atomare Schatten ist der einzige, der uns bleibt: weder ein Sonnenschatten, noch die Schatten in der Höhle Platons, sondern Schatten von abwesenden, verstrahlten Körpern, das graphische Zeichen für die Vernichtung des Subjekts, für das Verschwinden des Originals.

Eine andere Form dieses Identitätswahns ist unser heutiger Individualismus. Der Neo-Individualismus, das mangelnde Leistungsdenken und das fehlende unternehmerische Heldentum, der sportliche (Alain Ehrenberg) und vielleicht auch der neo-hedonistische, synkretistische und stammesmäßige Individualismus hat nichts mit dem Helden des bürgerlichen Individualismus zu tun. Der Heros der Subjektivität, des Bruches, des freien Willens und der radikalen Einzigartigkeit nach Stirners Auslegung ist tot. Selbst die *self-directed* Individualität nach Riesman ist am Horizont des Sozialen und der Geisteswissenschaften verschwunden. Der Neo-Individualismus ist dagegen das reinste Produkt der *otherdirectedness*: ein interaktives, kommunizierendes Teilchen in beständigem *Feed-back*, das ans Netz

5. Siehe Abbildung in: Paul Virilio, *Revolution der Geschwindigkeit*, Berlin 1993, S. 35. [A.d.R.]

angeschlossen ist und auf den Bildschirm drängt. Jeder ist bereit, sich je nach Talent oder Behinderung als selbständiges Mikroteilchen zu konstituieren. Warum nicht? Es ist die Stunde für die alltägliche Erfindung von neuen Einzelteilen gekommen. Warum sollen die unzähligen Einzelteile unserer Gesellschaften nicht auf ihrer Identität und ihrem persönlichen »Charme« beharren? Offensichtlich führt das zu chaotischen Komplexen und Brown'schen Molekularbewegungen, bei denen die Freiheit nur die statistische Resultante des Zusammenpralls von Singularitäten ist – und somit kein philosophisches Problem mehr.

Dieses Individuum ist überhaupt keines. Es ist ein Büßer der Subjektivität und der Entfremdung, der heroischen Selbstaneignung. Es strebt nur nach der technischen Aneignung des Ichs. Es ist zur Opferreligion der Leistung, der Effektivität, des Stresses und des Timings konvertiert – eine viel grausamere Liturgie als die der Produktion – eine völlige Abtötung und ein willenloses Opfer für die Götter der Information, eine völlige Ausbeutung seiner selbst durch sich selbst – das letzte Stadium der Entfremdung.

Keine Religion hat jemals so viel vom Individuum als solchem verlangt, und man kann sagen, daß der radikale Individualismus die eigentliche Form des religiösen Fundamentalismus ist. Eine moderne Religion der Opferbereitschaft, der Verfügbarkeit bis zum Äußersten – was das Schlimmste von allem ist, da sie jede Energie des Unglaubens, jede Energie, die durch die Beseitigung der traditionellen Religion freigesetzt wird, für sich ausnutzt. Das ist die größte unreligiöse Konversion der ganzen Geschichte. Im Verhältnis zu diesem freiwilligen

Holocaust, zu dieser Eskalation der Opferbereitschaft kann man die sogenannte »Rückkehr des Religiösen«, über die man so erschrocken ist, kann man diese schwachen Ansätze zum Wiedererwachen der Religiosität oder des traditionellen Fundamentalismus völlig vernachlässigen. Sie verbergen nur den Fundamentalismus dieser Konsensgesellschaft, sie verbergen den terroristischen Fundamentalismus dieser neuen Opferreligion der Leistung. Sie verschleiern, daß die ganze Gesellschaft sich auf dem Weg der religiösen Metastase befindet. Man nimmt die Effekte des Religiösen als religiöse zu ernst, und nicht ernst genug als Effekte, die den wirklichen Vorgang verschleiern. Ein alles verdeckender Tumor, ein fixierendes Geschwür, das es erlaubt durch eine Fokusierung des Bösen das Böse zu exorzieren und sich eine Analyse der gesamten Gesellschaft zu sparen, der »demokratischen« Gesellschaft, die virtuell zum Fundamentalismus und zum Revisionismus, zur Sicherheit und zum Protektionismus konvertiert ist, sowie zugleich zu vulgären Reklame- und Einschüchterungstechniken.

Dieser »postmoderne« Individualismus ist nicht aus einer Problematik der *Freiheit* und der *Befreiung* entstanden. Er ist durch eine *Liberalisierung* von dienstbar gemachten Netzen und Schaltkreisen entstanden, das heißt durch die individuelle Brechung von programmierten Einheiten, durch eine Metamorphose von Makrostrukturen in zahllose Einzelteile, die in sich alle Stigmata der Netze und Schaltkreise enthalten – jedes Teilchen ist sein eigenes Mikro-Netz und sein eigener Mikro-Schaltkreis, jedes einzelne läßt in seinem Mikro-

Universum für sich selbst den nunmehr überflüssig gewordenen Totalitarismus des Ganzen wiederaufleben.

Jedenfalls sind die Konzepte der Freiheit und der Befreiung in allen Bereichen (Sexualität, Kultur, Wirtschaft, Medien, Politik) diametral entgegengesetzt – wobei die bedingungslose Befreiung der sicherste Weg zur Abschreckung der Freiheit ist. Freiheit bewegt sich in einem begrenzten und transzendenten Bereich, im symbolischen Raum des Subjekts, in dem es mit seiner eigenen Endlichkeit und seinem eigenen Schicksal konfrontiert wird, während die Befreiung sich in einem potentiell unbegrenzten Raum bewegt. Das ist quasi ein physikalischer Vorgang (sein Prototyp ist die Freisetzung von Energie), der jede Funktion, jede Kraft und jedes Individuum an die Grenze der Möglichkeiten bringt, und sogar darüber hinaus, wo es für sich selbst keine Verantwortung mehr übernimmt. Deshalb ist die Freiheit eine kritische Form und die Befreiung eine potentiell katastrophische Form. Die erste konfrontiert das Subjekt mit seiner eigenen Entfremdung und mit seiner Überschreitung. Die andere führt zu Metastasen, zu Kettenreaktionen, zur Abkopplung aller Elemente und schließlich zur radikalen Enteignung des Subjekts. Die Befreiung ist die tatsächliche Verwirklichung der Metapher der Freiheit und in diesem Sinne ist sie auch ihr Ende. Das Dilemma zwischen beiden ist unlösbar. Aber das heutige System hat für beide eine Endlösung gefunden – in der Liberalisierung. Es gibt kein freies Subjekt mehr, sondern ein liberales Individuum. Keine Befreiung, sondern die Liberalisierung von Tauschhandlungen. Von der Freiheit zur Befreiung, von der Befreiung zur Liberalisierung. Der

Extrempunkt der stärksten Verwässerung und der geringsten Intensität, an dem das Problem der Freiheit nicht einmal mehr gestellt werden kann.

Zugleich verschwindet der Begriff der Entfremdung. Dieses neue geklonte, metastasierte, interaktive Individuum ist nicht mehr entfremdet, es ist identisch mit sich selbst – *es unterscheidet sich nicht mehr von sich selbst* und ist somit für sich selbst gleichgültig. Diese Gleichgültigkeit gegenüber sich selbst steht im Mittelpunkt des noch allgemeineren Problems der Gleichgültigkeit der Institutionen, des Politischen etc. gegenüber sich selbst.

Die Gleichgültigkeit der Zeit: die Nicht-Entferntheit der Zeitpunkte untereinander, die Promiskuität von Zeitpunkten, die Unmittelbarkeit der Echtzeit. Langeweile.

Die Gleichgültigkeit des Raumes: die Kontiguität, die televisuelle, ferngesteuerte Kontamination aller Raumpunkte, die bewirkt, daß ihr nirgendwo seid.

Die politische Gleichgültigkeit: Doppelbelichtung, Wucherung aller Meinungen in einem einzigen Medienkontinuum.

Die sexuelle Gleichgültigkeit: die Unterschiedslosigkeit und Vertauschung von Geschlechtern als notwendige Folge der modernen Theorie vom Geschlecht als Unterschied.

Die Gleichgültigkeit des Individuums gegenüber sich selbst und anderen orientiert sich am Vorbild aller anderen Indifferenzen: sie resultiert aus der Ungeteiltheit des Subjekts, aus der Beseitigung des Pols der Andersheit, aus seiner Einschreibung in das Identische, die paradoxerweise aus seinem Anspruch resultiert, sich von sich selbst und anderen zu unterscheiden.

Denn dieses Identitätsindividuum lebt vom Lobgesang und von der Halluzination des Unterschieds, wofür es alle Simulationsvorrichtungen des Anderen benutzt. Es ist das erste Opfer jener psychologischen und philosophischen Theorie der Differenz, die in allen Bereichen in eine Indifferenz sich selbst und anderen gegenüber mündet.

Die Differenz ist die Kinderkrankheit des Subjekts (unserer Kultur im allgemeinen), und der Identitätswahn (die Entdifferenzierung seiner selbst, die Indifferenz gegenüber sich selbst) ist seine Alterskrankheit. Wir haben die Andersheit durch den Unterschied besiegt, und der Unterschied ist seinerseits der Logik des Gleichen und der Gleichgültigkeit erlegen. Wir haben die Andersheit durch die Entfremdung besiegt (das Subjekt wird zum Anderen seiner selbst), aber die Entfremdung ist ihrerseits der Identitätslogik erlegen (das Subjekt wird das Gleiche wie es selbst). Und wir sind in die interaktive und siderische Ära der Langeweile eingetreten.

Diesem Identitätssyndrom entspricht ein spezieller Wahn. Dem »freien« Individuum, dem gespaltenen Subjekt entspricht der vertikale Wahn früherer Zeiten, der psychische Wahn, der transzendente Wahn des Schizophrenen, der Wahn der Entfremdung und der unerbittlichen Transparenz der Andersheit. Dem Identitätsindividuum, diesem virtuellen Klon entspricht ein *horizontaler* Wahn, unser spezieller Wahn und der unserer ganzen Kultur, der Wahn der Genvermischung, der Vermischung von Codes und Netzen, von biologischen und molekularen Anomalien, des Autismus. Es gibt keinen Wahn des Anderswerdens und der Selbstausbeutung mehr, sondern einen Wahn der Selbstaneignung

– alle monströsen Varianten der Identität; nicht den Wahn des Schizophrenen, sondern des Isophrenen ohne Schatten, ohne Anderen, ohne Transzendenz, ohne Bild – den Wahn des mentalen Isomorphen, des Autisten, der sozusagen sein Double verschlungen und seinen Zwillingsbruder ausgesogen hat (der Zwillingszustand ist umgekehrt eine autistische Form für zwei). Identitätswahn. Wahn der Ipsomanie und der Isophrenie. Unsere Monster sind alle manische Autisten. Aus einer hybriden (sei sie auch genetisch) Kombination hervorgegangen, von der ererbten Andersheit abgeschnitten, mit erblicher Sterilität geschlagen, haben sie kein anderes Schicksal als die verzweifelte Suche nach einer Andersheit, indem sie nach und nach alle Anderen beseitigen (während der »vertikale« Wahn dagegen an einer rauschhaften Übertreibung der Andersheit litt). Frankensteins Problem bestand zum Beispiel darin, daß er keinen Anderen hatte und daß er sich nach Andersheit sehnte. Das ist das Problem des Rassismus. Aber auch unsere Computer sehnen sich nach Andersheit – sie sind autistisch, sind Jungesellenmaschinen: sie leiden darunter und rächen sich dafür mit einer ungezügelten Tautologie ihrer eigenen Sprache.

EXPONENTIELLE INSTABILITÄT UND STABILITÄT

Das Problem einer Diskussion über das Ende (und das der Geschichte im besonderen) liegt darin, daß man von dem, was nach dem Ende kommt, und zugleich von der Unmöglichkeit, Schluß zu machen, reden muß. Dieses Paradox ergibt sich daraus, daß in einem nicht-linearen Raum, im nicht-euklidischen Raum der Geschichte kein Ende ausgemacht werden kann. Ein Ende ist nur in einer logischen Kausalitäts- und Kontinuitätsordnung vorstellbar. Weil die Ereignisse selber künstlich erzeugt werden, vernichten sie durch ihr vorprogrammiertes Verfallsdatum oder durch die Vorwegnahme ihrer Wirkungen (ganz zu schweigen von ihrer Verklärung in den Medien) das Verhältnis der Ursache zur Wirkung und somit jede geschichtliche Kontinuität.

Diese Verzerrung von Ursachen und Wirkungen, diese geheimnisvolle Autonomie der Wirkungen, diese Umkehrung von Wirkung und Ursache, die Unordnung oder eine chaotische Ordnung erzeugt (genau das ist unsere gegenwärtige Situation: eine Umkehrung von Information und Realem, die eine Unordnung von Ereignissen und völlig überdrehte Medienwirkungen erzeugt), erinnert unweigerlich an die Chaostheorie und an das Ungleichgewicht zwischen dem Flügelschlag eines Schmetterlings und dem Orkan, den er am anderen Ende der Welt auslöst. Außerdem erinnert sie an die paradoxe Hypothese von Jacques Benveniste über das Gedächtnis des Wassers. Diese These ist so spannend wegen ihrer Analogie zu unserer heutigen Welt: auch wir leben durch die Ausbreitung der Medien und der Kommunikationstechniken in einem stark verwässerten Universum, in dem die ursprünglichen Moleküle immer seltener werden. Es ist interessant, wie auch in der menschlichen Welt die Wirkungen ohne Ursachen weiterbestehen, wie eine nominale Substanz ohne ihre Elemente aktiv bleibt oder wie überhaupt irgend etwas ohne einen Ursprung und ohne jede Referenz existieren kann. Das ist das Problem einer Logik von Wirkungen, die sich von einer Ursachenlogik unterscheidet, oder vielleicht ist es auch nur das Problem einer anderen Kausalität als der von Substanzen und Kräften – einer Effizienz von Formen (irgendein seltsamer Attraktor?) ohne irgendeinen Bezug auf eine kausale Wirksamkeit und homolog zur virtuellen Wirkungsfähigkeit abwesender Moleküle. In diesem Sinne wären neue Energien nicht mehr in der materiellen Entkettung von Substanzen zu suchen, sondern in der bedingungslosen Verkettung von Formen.

Vielleicht muß man die Geschichte selber als eine chaotische Formation betrachten, bei der die Beschleunigung der Linearität ein Ende macht und wo die von der Beschleunigung geschaffenen Turbulenzen die Geschichte endgültig von ihrem Ende entfernen, so wie sie die Wirkungen von ihren Ursachen entfernen. Selbst wenn es sich um das Jüngste Gericht handelt, werden wir unsere Bestimmung nicht erreichen. Wir sind heute von unserer Bestimmung durch einen Hyperraum mit variabler Brechung abgeschnitten. Man könnte die Rückwendung der Geschichte durchaus als eine Turbulenz dieser Art interpretieren, die sich aus einer Beschleunigung von Ereignissen ergibt, welche ihren Lauf umkehrt und ihre Bahn auslöscht. Das ist eine

Version der Chaostheorie, die Version der *exponentiellen Instabilität* und ihrer unkontrollierbaren Wirkungen. Sie berücksichtigt besonders das »Ende« der Geschichte, die in ihrer linearen und dialektischen Bewegung durch jene katastrophische Singularität unterbrochen wird, die sich in der außergewöhnlichen Form von zeitgenössischen Ereignissen zeigt – die zugleich dramatisch und bedeutungslos sind, die eiligst produziert werden müssen und sich selbst und uns allen gleichgültig sind – und die zugleich die Unmöglichkeit, die Geschichte zu beenden, berücksichtigt.

Aber die Version der exponentiellen Instabilität ist nicht die einzige – es gibt auch die Version der *exponentiellen Stabilität*. Diese definiert einen Zustand, in dem man von einem beliebigen Punkt aus immer wieder an den gleichen Punkt zurückkehrt. Die Ausgangsbedingungen, die ursprünglichen Besonderheiten sind unwichtig, alles tendiert zum Nullpunkt – auch er ein seltsamer Attraktor. Keine der Potentialitäten wird entfaltet, nur in der exponentiellen Instabilität werden sie auf teuflische Weise extrapoliert. In der exponentiellen Stabilität gibt es somit kein Ende, und zwar nicht wegen einer zu großen Zahl und der Unvorhersehbarkeit von Wirkungen, sondern im Gegenteil weil alles bereits da ist, alles bereits stattgefunden hat.

Wir sind also überlebende Unsterbliche, da die zweite Existenz unendlich ist. Sie ist ohne Ende, da das Ende bereits am Anfang da ist. Es handelt sich also um eine paradoxe Unsterblichkeit. »Die Bombe ist schon vor langer Zeit explodiert, in Hiroschima. Der Prozeß der Entmenschlichung hat sich vollendet, und die Eigenart dieses Phänomens besteht offensichtlich darin, daß wir keine psychischen, ethischen und geistigen Grundlagen mehr haben, die es uns erlauben würden, dessen bewußt zu werden« (Romain Gary).

Diese beiden Hypothesen – exponentielle Instabilität und Stabilität – sind, wenn auch unvereinbar, gleichzeitig gültig. Unser System verbindet sie in seinem *normalen* Ablauf, seinem normalerweise katastrophischen Ablauf, in starkem Maße. Es verbindet in der Tat eine Inflation, eine galoppierende Beschleunigung, einen Mobilitätsrausch, eine Exzentrizität von Wirkungen und einen Exzeß an Bedeutung und Information mit einer exponentiellen Tendenz zur totalen Entropie. Unsere Systeme sind somit auf doppelte Weise chaotisch: sie funktionieren gleichzeitig nach dem Modus von exponentieller Instabilität und Stabilität.

Es gibt somit kein Ende, weil wir uns in einer Übersteigerung des Endes befinden: überbeendet – in einer Überbietung aller Endlichkeiten: Transfinalität. Diese Übersteigerung führt zu unendlichen Turbulenzen, also zur spiralförmigen Rückentwicklung und Auflösung der Systeme, der Zeit und der Geschichte.

Von daher gesehen, ist eine Deregulierung nicht verwunderlich. Man darf die empfindliche Abhängigkeit von Anfangsgegebenheiten (der Flügelschlag eines Schmetterlings oder die Nase von Kleopatra) nicht mit dem Schicksal oder mit Vorherbestimmung verwechseln, indem man davon ausgeht, daß alle beide unberechenbar sind. Das wäre insofern genau das Gegenteil, als die Vorherbestimmung eher eine *Hypersensitivität für Endbedingungen* und nicht für die Anfangsbedingungen eines Prozesses ist. Eben das führt zu einer fatalen und nicht nur zu einer chaotischen und unvorhersehbaren Konfiguration. Bei der Vorherbestimmung ist das Ende bereits vor dem Anfang gegeben, und alles, was einen vom Anfang entfernt, führt einen wieder dahin zurück – daher kommt ihr tragischer und ironischer Charakter: sie ist nicht nur exzentrisch und katastrophisch wie in den Figuren des Chaos. Die Meteorologie ist chaotisch, sie ist keine Gestalt des Schicksals. Alle extremen Phänomene, die außergewöhnlichen Wirkungen, die schwindelerregenden Formen der Unordnung sind ein Hinweis auf den Vorrang der Wirkungen gegenüber den Ursachen (und so gesehen, müßte man auf der gleichen Ebene den Vorrang von Modellen gegenüber dem Realen einbeziehen, in dem unser modernes »Schicksal« gipfelt, also das der Simulation, in der man tatsächlich eine katastrophische Form der Realität sehen kann, wobei diese überdrehten Modelle des Virtuellen und der Simulation uns immer weiter von den Ursprungsbedingungen der realen Welt entfernen). All das ist zwar faszinierend, aber auf geistiger Ebene nicht besonders spannend. Das ist eine Logik von perversen Wirkungen (von denen einige übrigens wohltuend sind), hat aber nichts mit einer fatalen Strategie zu tun, die einen geheimen, aber widersprüchlichen Willen und das Vorgefühl für eine totale Umkehrbarkeit voraussetzt.

Das Chaos ist eine Parodie jeder Schicksalsmetaphysik. Es bedeutet nicht einmal eine Veränderung des Schicksals. Heute, wo wir die Vision von Endbedingungen verloren haben, sind wir von der Poesie der Anfangsbedingungen fasziniert, und das Chaos dient uns als negatives Schicksal. Die Fremdheit des seltsamen Attraktors ist nur eine Metapher, radikale Fremdheit liegt in der rätselhaften Dualität der Welt und im unerbittlichen Widerspruch (unseres Willens und seines Verlustes), der die unzerstörbare Illusion aufrecht erhält. *Das Schicksal ist die ekstatische Gestalt der Notwendigkeit. Das Chaos ist nur die metastatische Gestalt des Zufalls.* Chaotische Prozesse gehören zur aleatorischen und statistischen Ordnung, und selbst wenn sie auf die verborgene Ordnung von seltsamen Attraktoren hinauslaufen, hat das noch nichts mit dem blitzartigen Zuschlagen des Schicksals zu tun, dessen Fehlen grausam spürbar wird. Wenn die Dinge beginnen, in alle Richtungen zu wuchern, liegt das zweifellos daran, daß ein Schicksal fehlt. Wenn die aleatorischen Gleichungen des Chaos auswuchern, so liegt das daran, daß eine fatale Lösung fehlt.

Unsere komplexen, metastatischen und virenverseuchten Systeme, die allein der exponentiellen Dimension (ganz gleich, ob es sich nun um exponentielle Instabilität oder Stabilität handelt), der Exzentrizität und der unendlichen fraktalen Fortpflanzung durch Teilung ausgesetzt sind, können kein Ende mehr finden. Einem intensiven Metabolismus und einer intensiven inneren Metastase ausgesetzt, erschöpfen sie sich in sich selbst und haben sie keine Bestimmung, kein Ende, keine Andersheit und keine Fatalität mehr. Sie sind der Epidemie ausgesetzt, dem endlosen Wuchern des Fraktalen, und nicht der Reversibilität und der vollkommenen Lösung des Fatalen. Wir kennen nur noch die Zeichen der Katastrophe, wir kennen keine Zeichen des Schicksals mehr. (Hat man sich wohl deshalb in der Chaostheorie mit dem gegenteiligen, auch ganz außergewöhnlichen Phänomen der *Hyposensibilität* für Anfangsbedingungen, mit der umgekehrten Exponentialität von Wirkungen im Verhältnis zu Ursachen beschäftigt – mit den potientiellen Wirbelstürmen, die zum Flügelschlag von Schmetterlingen führen?)

DIE HYSTERESE DES MILLENNIUMS

Daß wir in eine retroaktive Form der Geschichte eintreten, daß unsere Ideen, unsere Philosophien und mentalen Techniken sich zunehmend an dieses Modell anpassen, springt ins Auge. Vielleicht ist das sogar ein Abenteuer, denn das Verschwinden des Endes ist an sich eine Ursprungssituation. Es ist anscheinend charakteristisch für unsere Kultur und für unsere Geschichte, die beide kein Ende finden können und sich somit eine unendliche Rekurrenz, eine Unsterblichkeit gegen den Strich sichern. Bis heute ging es vor allem um die Unsterblichkeit im Jenseits, um die Unsterblichkeit in der Zukunft, aber wir erfinden heute eine andere Art von Unsterblichkeit, nämlich die im Diesseits, die Unsterblichkeit durch das Verschieben von Endzuständen bis ins Unendliche.

Es mag sich vielleicht um eine Ursprungssituation handeln, aber was das Endergebnis betrifft, so ist es offensichtlich von vornherein verloren. Das Ursprungschaos, den *big bang*, werden wir niemals kennenlernen, das Thema ist erledigt, und wir waren nicht dabei. Aber wir können noch hoffen, den letzten Moment, den *big crumb* zu erleben. Das Ende genießen, da man den Anfang nicht genießen konnte. Das sind die beiden einzigen Momente, die interessant sind, und da wir vom ersten frustriert wurden, legen wir all unsere Energie in eine Beschleunigung des Endes, in die Überstürzung der Dinge in Richtung ihres endgültigen Verlustes, an dessen Schauspiel wir uns immerhin erfreuen können. Man stelle sich nur die unerhörten Möglichkeiten einer Generation vor, die über das Ende der Welt verfügt. Das ist genauso phantastisch, wie den Anfang mitzuerleben. Aber für den Anfang sind wir zu spät gekommen, nur das Ende scheint in Reichweite unserer Mittel zu liegen.

Mit der atomaren Ära haben wir uns dieser Möglichkeit genähert. Aber das Gleichgewicht des Schreckens ist aufgehoben worden, dann gab es einen endgültigen (?) Aufschub des letzten Ereignisses, und nun, wo die Abschreckung gelungen ist, muß man sich an die Idee gewöhnen, *daß es kein Ende mehr gibt, daß es kein Ende mehr geben wird* und daß die Geschichte selbst nicht mehr beendet werden kann. Wenn man also vom »Ende der Geschichte«, vom »Ende des Politischen«, vom »Ende des Sozialen« und vom »Ende der Ideologien« spricht, so ist nichts von dem wahr. Das Schlimmste ist gerade, daß nichts aufhört und daß all das weiterhin in langsamer, langwieriger und rückläufiger Weise ablaufen wird, in der Hysterese all dessen, was wie Fingernägel und Haare nach dem Tod weiterwächst. Aber im Grunde ist all das bereits tot, und anstatt eine glückliche oder tragische Lösung, ein Schicksal zu finden, haben wir nur ein immer wieder verhindertes Ende, ein homöopathisches Ende, das in allen Metastasen der Ablehnung des Todes herausdestilliert wird. Alles, was in dem Maße wieder zum Vorschein kommt, wie die Geschichte auf ihren eigenen Spuren zurückgeht, wird im Streben nach Rehabilitation wie ein beliebiges Verbrechen behandelt – wie ein Verbrechen, das von uns und gegen unseren Willen begangen wurde, ein Verbrechen der Gattung an sich selber, dessen Prozeß mit der gegenwärtigen Geschichte beschleunigt wird und für das die weltweite Verschmutzung, die weltweite Reue und das weltweite Ressentiment heute die sichersten

Anzeichen sind – ein Verbrechen, dessen Prozeß wieder aufgenommen werden muß und in dem man – auf der Suche nach einer rückwirkenden Absolution und da es keine Lösung unseres Schicksals in der Zukunft gibt – unerbittlich zurückschreiten muß, wenn es sein muß bis zu den Ursprüngen. Man will unbedingt wissen, was zu einem bestimmten Zeitpunkt schief gelaufen ist, und muß somit alle Überreste unseres Weges erforschen, in den Mülleimern der Geschichte herumstochern, das Beste und das Schlimmste wieder zum Leben erwecken, da man vergeblich hofft, das Gute vom Bösen trennen zu können. Um die Hypothese von Canetti wiederaufzunehmen: man muß zum Diesseits einer fatalen Demarkationslinie zurückkehren, die auch in der Geschichte Menschliches und Unmenschliches trennte und die wir im Rausch irgendeiner Befreiung der Gattung leichtfertig überschritten haben. Man könnte meinen, daß wir – von kollektiver Panik ergriffen, angesichts des blinden Flecks der Überschreitung der Geschichte und ihrer Ziele und Zwecke (Aber welche waren das? Alles, was wir wissen, ist, daß wir sie überschritten haben, ohne es zu merken.) – versuchen, immer schneller rückwärts zu gehen, um dieser Simulation im Leeren zu entgehen. Den Bezugsbereich wiederfinden, den früheren Schauplatz, den euklidischen Raum der Geschichte. So sollten die Ereignisse im Osten die Völker in Bewegung versetzen und einen Demokratisierungsprozeß auslösen. So sollte der Golfkrieg mit der Gründergewalt einer Neuen Weltordnung wieder den Raum des Krieges öffnen.

All das ist gescheitert. Diese Wiederbelebung von verschwundenen oder gerade verschwindenden Formen, dieser Versuch der Apokalypse des Virtuellen zu entgehen, ist eine Utopie, unsere letzte Utopie – je mehr wir versuchen, etwas Reales und Referentielles wiederzufinden, um so mehr versinken wir in der Simulation, und zwar dieses Mal schimpflich und ohne jede Hoffnung.

Kann man sich analog zu jenen Krankheiten, die vielleicht nur eine Reaktivierung früherer Zustände sind (zum Beispiel der Krebs, der das undifferenzierte Wuchern der ersten lebenden Zellen reproduziert, oder die Virenpathologie, die die früheren Stadien der biogenetischen Substanz in den Momenten des Verfalls und des Immunitätsverlusts von Körpern wiederauferstehen läßt), vorstellen, daß in der Geschichte selber die früheren Zustände niemals verschwunden sind, sondern gewissermaßen nach und nach auftauchen, indem sie von der Schwäche und übertriebenen Komplexität aktueller Strukturen profitieren?

Diese früheren Formen treten allerdings niemals wieder als solche auf, sie haben das gleiche Schicksal wie die am weitesten entwickelte Moderne. Ihre Wiederauferstehung ist selber hyperreal. Die wiederbelebten Werte sind liquide, instabil und den gleichen Schwankungen unterworfen wie die Mode oder die Börsenkurse. Daher hat die Rehabilitierung von alten Grenzen, Strukturen oder Eliten niemals mehr dieselbe Bedeutung. Wenn die Aristokratie oder das Königtum eines Tages einen Stellenwert bekommen, dann werden sie trotzdem »postmodern« sein. Alle rückwärts gewandten Szenarien, die vorbereitet werden, haben keine geschichtliche Bedeutung, sie finden voll und ganz auf der Oberfläche *unserer* Zeit statt, als eine Überlagerung aller Bilder, die nichts am Ablauf des Films ändern wird. Rückläufige Ereignisse: die aufgetaute Demokratie, die Freiheiten als Trompe-l'oeil, die Neue Weltordnung in Plastikfolie und die desinfizierte Ökologie mit ihren immunschwachen Menschenrechten, all das wird nichts an der *aktuellen* Melancholie des Jahrhunderts ändern, das wir niemals vollständig durchlaufen werden, weil es sich in der Zwischenzeit auf sich selbst zurückgekrümmt hat und in die Gegenrichtung aufgebrochen sein wird.

All das ist im Grunde der Triumph von Walt Disney, dem genialen Vorläufer eines Universums der spielerischen Vermischung aller vergangenen oder gegenwärtigen Formen, bei der wie bei einem Mosaik auf alle Kulturen (darin eingeschlossen die der Zukunft, die auch bereits rückläufig sind) zurückgegriffen wird. Man hat lange geglaubt, das alles sei imaginär, das heißt, bloß Ablenkung und Dekoration, kindlich und marginal. Aber man wird noch merken, daß es dabei so etwas wie eine Vorwegnahme der realen Krümmung der Dinge gab – Disneyworld hat uns die erschreckende Perspektive eröffnet, wie in einem Film alle früheren Phasen rückwärts zu durchlaufen, die in einer endgültigen Jugendlichkeit hyperstasiert sind, also eingefroren wie Walt Disney selbst in flüssigem Stickstoff: Magic Country, Future World, Gothic und Hollywood selber, fünfzig Jahre später in Florida nachgebaut, so daß die gesamte Vergangenheit und Zukunft als lebendige Simulation angeschaut werden kann. Durch die utopische Vorstellung, eines Tages in der Zukunft und in einer besseren Welt wieder aufzuwachen, ist Walt Disney der wahre Held des Einfrierens. Aber die Ironie der Dinge liegt darin, daß er nicht vorausgesehen hat, daß das Reale und die Geschichte eine Kehrtwendung machen. Er, der glaubte, im Jahre 2100 wieder aufzuwachen, könnte sehr wohl, wie in seinem eigenen Zauberszenario, im Jahre 1730, bei den Pharaonen oder in irgendeiner anderen seiner vielen Urszenen wieder aufwachen.

Man hat sich gefragt, wozu dieses Jahrhundertende dienen könnte. Nun ja: zum Ausverkauf des Jahrhunderts. Man verhökert die Geschichte und das Ende der Geschichte. Man verhökert den Kommunismus und das Ende des Kommunismus. Der Kommunismus wird kein geschichtliches Ende haben, er wird ausverkauft werden, liquidiert wie ein überflüssiges Lager. So wie die russische Armee in alle vier Ecken der Welt verscherbelt wird – ein undenkbares Ereignis, das zu einer banalen Marktoperation verkommen ist. Auch alle westlichen Ideologien stehen zum Ausverkauf, man kann sie sich in allen Breiten zu Spottpreisen verschaffen.

Früher kam der Ausverkauf nach den Feiertagen, heute schon vorher. So ist es auch mit unserem Jahrhundert: man macht einen Vorgriff auf sein Ende – alles muß verschwinden, alles muß liquidiert werden. Während der große Ausverkauf der Roten Armee läuft, kann man gleichzeitig beobachten, wie die Industrielabore dabei sind, das menschliche Genom zu verhökern, das sie patentieren und Stück für Stück kommerzialisieren. Auch hier muß alles ausverkauft werden, selbst wenn man nicht weiß, zu was diese Gene nütze sein könnten. Man darf die Dinge nicht zu ihrem natürlichen Ende kommen lassen, man muß sie vorher in die Tiefkühltruhe stecken, um ihnen eine virtuelle und lächerliche Unsterblichkeit zu sichern.

Die messianische Hoffnung basierte auf der *Realität* der Apokalypse. Aber sie hat heute nicht mehr Realität als der Urknall. Wir werden niemals das Recht auf diese dramatische Erleuchtung haben. Selbst die Idee, unserem Planeten durch einen atomaren *clash* ein Ende zu machen, ist belanglos und überflüssig – wenn das für niemanden, nicht einmal für Gott, einen Sinn hat, wozu ist es dann gut? Unsere Apokalypse ist nicht real, sie ist *virtuell*. Und sie kommt nicht in der Zukunft, sie findet *hier und jetzt* statt. Unsere Weltraumbomben – selbst wenn sie kein natürliches Ende herbeiführen, so haben wir es doch selber geschaffen, und sei es auch nur, um besser Schluß machen zu können. Aber das ist nicht ganz richtig: wir haben das gemacht, *um uns besser vom Ende zu befreien*. Wir haben dieses Ende von nun an in Satellitenform gebracht, und zwar nach dem Vorbild aller Finalitäten, die früher transzendent waren und nun schlicht und einfach orbital geworden sind.

Von nun an kreist das Ende unaufhörlich um uns herum. Wir sind von unserem eigenen Ende eingekreist, und wir können es nicht landen, nicht wieder auf die Erde zurückkehren lassen. Das ist die Parabel vom russischen Kosmonauten, der im All vergessen wurde, den niemand empfangen und zurückholen wollte – das einzige Stück des sowjetischen Territoriums, das ironischerweise ein deterritorialisiertes Rußland überfliegt. Während sich auf der Erde alles geändert hat, wird er praktisch unsterblich und kreist weiter herum wie Götter, Sterne und atomare Abfälle. Wie so viele Ereignisse, für die er eine vollkommene Illustration ist und die weiterhin im leeren Raum der Information kreisen, ohne daß irgend jemand sie in den geschichtlichen Raum zurückholen könnte oder wollte. Nach dem Muster all dessen, was weiterhin seine volle Leistung im Orbit bringt und dessen Identität während der Fahrt verloren gegangen ist, ist auch unsere Geschichte auf ihrem Weg verloren gegangen, sie umkreist uns wie ein künstlicher Satellit.

Sehnsucht nach dem verlorenen Objekt? Nicht einmal das. Die Nostalgie war schön, weil sie das Vorgefühl für das bewahrte, was schon einmal geschehen ist und erneut stattfinden könnte. Sie war schön als Utopie, deren umgekehrter Spiegel sie ist. Sie war schön, weil sie niemals gestillt wurde, so wie die Utopie niemals erfüllt wurde. Der erhabene Bezugspunkt des Ursprungs in der Nostalgie ist ebenso schön wie der des Endes in der Utopie. Etwas anderes ist es, mit *der buchstäblichen Evidenz des Endes* (von dem man nicht mehr als Ende träumen kann) und mit der buchstäblichen Evidenz des Ursprungs (von dem man nicht einmal mehr als Ursprung träumen kann) konfrontiert zu werden. Wir haben heute die Mittel, sowohl unseren Ursprung wie auch unser Ende zu bewerkstelligen. Durch die Archäologie exhumieren wir unseren Ursprung, durch die Genetik verändern wir unser Ursprungskapital, durch Wissenschaft und Technik realisieren wir von jetzt an die verrücktesten Träume und Utopien. Wir befriedigen unsere Sehnsucht und unsere Utopien *in situ* und *in vitro.*

Es ist uns also unmöglich, von einem vergangenen oder künftigen Zustand der Dinge zu träumen. Der Stand der Dinge ist buchstäblich definitiv – weder beendet, noch unendlich oder endgültig, sondern de-finitiv, das heißt, seines Endes beraubt. Das Gefühl des Definitiven, sei es auch das Gefühl für einen paradiesischen Zustand, ist melancholisch. Während die Dinge in der Trauerarbeit ihr Ende und somit die Möglichkeit einer eventuellen Wiederkehr finden, bewahren wir in der Melancholie nicht einmal mehr das Vorgefühl für das Ende oder die Wiederkehr, wir bewahren nur noch das Ressentiment für das Verschwinden. Das ist so etwas wie die Silhouette der Dämmerung dieses Jahrhunderts, in der sich die Doppelgestalt einer linearen Ordnung des Fortschritts und einer selber linearen Regression von Endzwecken und Werten abzeichnet.

Gegen diese Gesamtbewegung bleibt nur die völlig unbeweisbare und zweifellos nicht verifizierbare Hypothese einer *poetischen Umkehrbarkeit von Ereignissen* übrig, für die wir quasi nur den Beweis haben, daß diese Möglichkeit in der Sprache vorhanden ist.

Die poetische Form ist nicht weit von der chaotischen Form entfernt. Beide gehorchen nicht dem Gesetz von Ursache und Wirkung. Wenn wir in der Chaostheorie die empfindliche Abhängigkeit von Anfangsbedingungen durch die empfindliche Abhängigkeit von Endbedingungen ersetzen, treten wir in die Form der Vorherbestimmung ein, die die des Schicksals ist. Auch die poetische Sprache lebt von der Vorherbestimmung, vom unmittelbaren Bevorstehen ihres eigenen Endes und von der Umkehrbarkeit des Endes im Beginn. In diesem Sinne ist sie vorherbestimmt – sie ist ein unbedingtes Ereignis, ohne Bedeutung und ohne Konsequenz, das nur vom Rausch der letzten Lösung lebt.

Das ist sicherlich nicht die Form unserer aktuellen Geschichte, aber es gibt trotzdem eine Affinität zwischen der Immanenz des poetischen Ablaufs und der Immanenz des chaotischen Ablaufs, der der unsere ist, also der von Ereignissen, die auch keine Bedeutung und keine Konsequenz haben, und bei denen es, da die Wirkung die Ursache ersetzt, keine Ursachen mehr gibt. *Es gibt nur noch Wirkungen.* Die Welt ist *effektiv* da. Dafür gibt es keinen Grund, und Gott ist tot.

Wenn es nur noch Wirkungen gibt, befinden wir uns in völliger Illusion (die auch der poetischen Sprache eigen ist). Wenn die Wirkung in der Ursache liegt, oder der Anfang im Ende, dann liegt die Katastrophe hinter uns. Das außergewöhnliche Privileg unserer Epoche liegt in dieser Umkehrung des Vorzeichens der Katastrophe. Das befreit uns von jeder künftigen Katastrophe und von jeder Verantwortung für künftige Katastrophen. Schluß mit jeder präventiven Psychose, keine Panik, keine Gewissensbisse mehr! Der Objektverlust liegt hinter uns. Wir brauchen kein Jüngstes Gericht mehr.

Daraus ergibt sich gewissermaßen eine poetische und ironische Analyse von Ereignissen. Anstelle der Simulation einer linearen Geschichte »in progress«, muß man das Wiederauflodern von Widerstand, die unheilvollen Krümmungen, die kleinen Katastrophen bevorzugen, die ein Imperium viel eher aus der Fassung bringen als große Umwälzungen. All das bevorzugen, was auf Nicht-Linearität beruht, auf Umkehrbarkeit, all das, was nicht auf einem Ablauf oder einer Evolution beruht, sondern auf dem Spiel der Verwicklung in die Zeit und der Umkehrung in der Zeit. Anastrophe versus Katastrophe. Vielleicht hat es im Grunde niemals einen linearen

Geschichtsablauf gegeben? Vielleicht hat es niemals einen linearen Sprachablauf gegeben? Alles geschieht in Schleifen, in Tropen, als Sinn-Inversion, außer in den numerischen und künstlichen Sprachen, die eben aus diesem Grunde keine mehr sind. Alles geschieht in Wirkungen, die die (metaleptischen) Ursachen kurzschließen, als *Ereigniswitz*, als perverse Ereignisse, in ironischen Umkehrungen, außer in einer begradigten Geschichte, die eben deshalb keine mehr ist.

Könnte man die Sprachspiele nicht auf gesellschaftliche und geschichtliche Phänomene übertragen: das Anagramm, das Akrostichon, den Schüttelreim, den Reim, die Strophe und die Katastrophe? Nicht nur die großen Formen der Metapher und der Metonymie, sondern auch die spontanen, kindlichen und formalen Spiele, die andersgearteten Tropen, die die Wonnen einer gewöhnlichen Phantasie bilden? Gibt es gesellschaftliche Schüttelreime, eine anagrammatische Geschichte (wo der Sinn zergliedert und in alle vier Winde zerstreut wird, wie der Name Gottes im Anagramm), gereimte Formen des politischen Handelns und Ereignisse, die sich so oder so lesen lassen? Das Palindrom, diese poetische und strenge Form der Palinodie, könnte in diesen Zeiten der rückwärtsgewandten Betrachtung der Geschichte als Raster für die Lektüre dienen (sollte man die Dromologie von Paul Virilio womöglich durch eine Palindromologie ersetzen?). Und das Anagramm, dieser minutiöse Prozeß der Zurückverfolgung des Fadens der Sprache, diese Art von poetischer und nicht-linearer Konvulsion – ist es denkbar, daß die Geschichte sich zu einer solchen poetischen Konvulsion, zu einer solchen subtilen Form der Rückkehr und der Anapher bereit fände, die ebenso wie das Anagramm, das jenseits des Sinns die reine Materialität der Sprache sichtbar macht, jenseits der geschichtlichen Bedeutung die reine Materialität der Zeit sichtbar machen würde?

Das wäre die zauberhafte Alternative zur Linearität der Geschichte, eine poetische Alternative zur ernüchternden Konfusion, zur chaotischen Überfülle der aktuellen Ereignisse.

Dadurch treten wir jenseits der Geschichte in die reine Fiktion ein, in die Illusion der Welt. Die Illusion unserer Geschichte öffnet sich auf *die viel radikalere Illusion der Welt*. Jetzt, wo man die Augen der Revolution geschlossen hat, wo man die Augen vor der Revolution verschlossen hat, jetzt, wo man die Schandmauer durchbrochen hat, jetzt, wo die Lippen des Protests sich geschlossen haben (während der Zucker der Geschichte auf der Zunge zergeht), jetzt, wo weder das Gespenst des Kommunismus noch das der Macht weder Europa noch die Erinnerung heimsucht, jetzt, wo die aristokratische Illusion des Ursprungs und die demokratische Illusion des Endes immer mehr in die Ferne rücken – haben wir nicht mehr die Wahl, voranzugehen, in der jetzigen Zerstörung zu verharren oder zurückzuweichen, sondern können wir nur noch diese radikale Illusion ins Auge fassen.

INTERNATIONALER MERVE DISKURS

61 Foucault, Mikrophysik der Macht
65 Lowien, Weibliche Produktivkraft - andere Ökonomie?
67 Deleuze/Guattari, Rhizom
68 Deleuze/Foucault, Der Faden ist gerissen
69 Lyotard, Das Patchwork der Minderheiten
71 Cixous, Die unendliche Zirkulation des Begehrens
75 Lyotard, Intensitäten
77 Foucault, Dispositive der Macht
79 Baudrillard, Kool Killer oder Der Aufstand der Zeichen
80 Virilio, Fahren, fahren, fahren...
81 Baudrillard, Agonie des Realen
82 Irigaray, Das Geschlecht das nicht eins ist
83 Klossowski/Foucault/Blanchot/Deleuze, Sprachen d. Körpers
84 Deleuze, Ein Nietzsche-Lesebuch
87 Charles, John Cage oder Die Musik ist los
88 Lyotard, Apathie in der Theorie
90 Virilio, Geschwindigkeit und Politik
94 Cixous, Weiblichkeit in der Schrift
95 Deleuze, Kleine Schriften
99 Godard, Liebe Arbeit Kino
100 Szeemann, Museum der Obsessionen
102 Lyotard, Affirmative Ästhetik
103 Kneubühler, Im Wald des einzigen Bildes
104 Heiner Müller, Rotwelsch
105 Bonito Oliva, Im Labyrinth der Kunst
106 Minus Delta t, Das Bangkok-Projekt
107 Genet, Fragmente
109 Foremann, Warum ich so gute Stücke schreibe
110 Seitter, Der große Durchblick
112 Baudrillard, Laßt Euch nicht verführen!
113 Barthes, Cy Twombly
114 Lotringer, New Yorker Gespräche
115 Charles, Musik und Vergessen
116 Virilio/Lotringer, Der reine Krieg
118 Fitzgerald, Der Knacks / Deleuze, Porzellan und Vulkan
119 Seitter, Lacan und
120 Szeemann, Individuelle Mythologien
121 Foucault, Von der Freundschaft
122 Cage/Charles, Für die Vögel
123 Lyotard, Immaterialität und Postmoderne
124 Böhringer, Begriffsfelder. Von der Philosophie zur Kunst
125 Kneubühler, Malerei als Wirklichkeit
126 Veyne, Aus der Geschichte
127 Vuarnet, Der Künstler-Philosoph
128 Kneubühler, Wegsehen
129 Lyotard, Malerei u. Phil. i. Zeitalter ihres Experimentierens
130 Kostelanetz, Autobiographien. Berlin - New York
131 Philosophen-Künstler.
132 Virilio, Ästhetik des Verschwindens
133 Foucault, Vom Licht des Krieges
134 Taubes, Ad Carl Schmitt. Gegenstrebige Fügung
135 Borngräber (Hg.), Berliner Design-Handbuch